[新版] 事例に学ぶ
貸出判断の勘所
― 資金使途の検証にみる「貸出の王道」―

吉田重雄 [著]

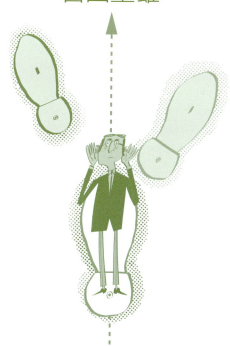

一般社団法人 金融財政事情研究会

新版はじめに

　『事例に学ぶ貸出判断の勘所』は、お陰様で発刊後8年が経過しました。多くの銀行で貸出業務の入門書・参考書として推薦図書に指定され、利用されています。また、本書の著述がきっかけとなり、筆者は全国の金融機関から貸出業務の研修講師として招かれるようになるとともに、さらに、一般社団法人金融財政事情研究会から貸出業務に関する本を続けて出版させていただく機会を得ることができました。

　そのようなニーズがあるということは、銀行経営において貸出業務に関する人材育成が重要かつ喫緊の経営課題であることを示す証左といえます。

　筆者がこの8年間で行った研修・講演、そして著作活動を通じて感じたことが二つあります。一つは、多くの銀行で行われている貸出業務は目標数字達成ゲームの様相を呈しているということです。貸出業務の本来の意義や役割を忘れているとともに、貸出業務の基本原則（公共性・安全性・収益性）を逸脱して行われている貸出も多くみます。二つ目は、貸出業務を担当する者（担当者のみならず支店長まで）の業務遂行するに際して必要な知識レベル（財務分析・関連法律等）が低いということです。この二つの感想から、現場で行われている貸出業務は、"無免許の者が運転する車がスピード違反している"といわれても仕方ない状況といえます。

　そのような状況のなか、金融庁は平成26年9月11日に新たなモニタリング基本方針において「事業性評価に基づく融資等」という重点施策を発表しました。それは、「財務データや担保・保証に必要以上に依存することなく、借り手企業の事業の内容や成長可能性などを適切に評価し（「事業性評価」）、融資や助言を行い、企業や産業の成長を支援していくことが求められる」と記されています。

　この基本方針について、同年9月29日の日本経済新聞電子版は「事業性融資って何？　金融庁の宿題に戸惑う銀行」という記事を掲載しています。そ

こには、「具体的には何をどうすればいいか、銀行マンには金融庁の「宿題」が難問に映るようだ」と書かれています。

　筆者にとっては、事業性評価融資というものは融資業務を行うに際して当たり前のことであり、難問とは思いません。むしろ、融資判断は事業性評価に基づくという考え方は当然のことであり、それを難問と感じる銀行員は、現在行っている融資業務のやり方が間違っているということを知るべきです。

　本書で筆者が訴えたいポイントは、本書の帯書きに記した「貸出業務の生命は資金使途の検証にあり!!」です。ところが、研修の事例研究でみる貸出業務の実態は、資金使途の検証はおざなりで、貸出リスクのチェックや経営の問題点についても深くみることなく貸出が行われています。「事業性評価に基づく融資」で問われる企業の実態把握や事業内容を十分に検討することなく貸しているようです。

　また、元銀行員が書いた本を読んで驚くこともありました。

　佐藤真言著『粉飾』(毎日新聞社)には次のように書かれています。「銀行員がよく融資の現場で、「社長、いい決算にしてくださいね。赤字はだめですよ」と言うのは、もちろん、真実の数字で黒字決算になってほしいと願う気持ちと、仮に赤字になるようであれば、黒字の決算になるように数字をいじって出してください、そうしないと内部の審査を通すのに大変手間がかかりますという決して口にはできない本音とが入り混じった、複雑な銀行員の心理を反映している」(同書39頁)「粉飾決算を本気で見つけようという気が、銀行にはそもそもない」(同書43頁)(下線は筆者)。

　事業性評価融資において「財務データに必要以上に依存することなく」と書かれていますが、それは財務データがいい加減なままでもかまわない、粉飾決算をみつけない、ということではありません。元メガバンク行員がこのような意識で本を著したことに驚きます。

　貸出金は預金者から預かっている預金が原資です。銀行の金ではありません。ですから、銀行法の第1条の目的に「預金者等の保護」が謳われている

のです。その目的の確保のために「業務の健全かつ適切な運営」を行わなければいけないと銀行法に書かれています。

　上に紹介した本の著者は銀行法の目的条文を意識しているのでしょうか。そのような意識をもっていなかったというのであれば、法令を遵守していない（コンプライアンスに抵触する）ということになります。

　多くの銀行には、貸出業務を行う際の基本的な考え方を示した「クレジットポリシー」「与信規範」というものがあると思います。そこには「資金使途の確認」ということが必ず書かれているはずです。にもかかわらず、その確認を怠る、あるいは検証を十分に行わない、さらには資金使途を偽って貸す行為がみられます。

　支店長や審査部・融資部は、貸出稟議書をみるとき（審査の過程）、資金使途を再確認（ダブルチェック）しているのでしょうか。貸出残高を伸ばすために、稟議書に記された資金使途の確認ができていなくても、あるいは資金使途に偽りを感じ不自然であるにしても、"稟議承認"の決裁（審査の判断）を行っているのでしょうか。

　「クレジットポリシー」「与信規範」などは、コンプライアンス＝「法令等の遵守」の「等」にあたります。上記実態は多くの銀行の現場でみられますが、経営陣や監査部などはそのような行為がコンプライアンスに抵触するという意識をもっているのでしょうか。コンプライアンスは「法令等の遵守」という意味であることを知り、コンプライアンスは経営の重要課題であるといい、自身が組織内でコンプライアンス委員でありながら、銀行法の目的条文に抵触する行為を行い、行内規程である「クレジットポリシー」「与信規範」にも反する行為を行っていることについて、経営者（役員・支店長）はどのようにみているのでしょうか。

　"借りてくれるなら資金使途はどうでもいい"

　"資金使途は、……う〜ん「なんでも運転資金」でどうかな！"

　"(資金使途は)本当は違うけど、上司がいうからそうですね"

というような貸出業務が行われ、貸出先企業の事業性を評価することより、

借りてくれる金額に目が行っていませんか⁉

　本書で筆者が訴えたいポイントは、「貸出業務の生命は資金使途の検証にあり‼」です。資金使途を正しく理解するということは、貸出先の事業内容を理解し、事業の業績を評価することです。事業を行ううえで必要となる資金使途を確認できてこそ、貸出期間や返済原資・返済方法の話（交渉）に繋がります。これが貸出業務の原点であり基本です。

　他行肩代わりを行うとき、いくつもの既存借入を一本にまとめて、「期間5年・均等返済」という提案を行うことは、資金使途を無視した貸出です。しかし、このような貸出でも、数字を伸ばせば実績であり、能力が高いと評価する銀行があります。

　貸出業務の本質を理解できていない、財務・法律の必要知識も十分でない、基本もわきまえていない～という人でも、お願いベースで頼み込んだり、貸出先のリスクを意識的に隠したり、資金使途や主要計数の見込み数値を作為的に書いても、ともかく貸出残高を伸ばし、目標数値を達成すれば評価されることでよいのでしょうか。そのような貸出担当者は、貸出先の事業経営に資することより、目標達成や自分の評価を優先する業務行動をとります。それが現場で蔓延すると、そのような低レベルの貸出姿勢はいずれ黒い奔流となって銀行の信用を押し流すことになります。

　貸出業務に携わる担当者は、いま一度、貸出業務の原点に戻り、基本を学ぶことが必要です。銀行は、本質を見失った貸出業務を行うことで、経済社会から信認されなくなるような事態を招いてはいけません。

　本書が、"貸出業務における資金使途の確認"について学ぶうえで少しでも役立てれば嬉しく思います。

　最後に、本書新版の執筆機会を与えていただきました一般社団法人金融財政事情研究会出版部の髙野雄樹氏に深く感謝申し上げます。

平成27年11月

吉　田　重　雄

ことば：「貸出」と「融資」

　今回の新版では、「新版はじめに」と「第Ⅰ編」において「貸出」とは別に「融資」という言葉が出てきます。基本的には同じ意味で使っています。

　筆者は従前より「貸出」という言葉を使用しています。銀行法第2条「定義」における「銀行業」、第10条「業務範囲」における「固有業務」において、条文では「資金の貸付け又は手形の割引」と記されています。「貸付け」は金銭消費貸借契約に基づき、手形貸付・証書貸付・当座貸越の勘定科目で資金の融通を図ることを指し、「手形の割引」は、法的には手形の売買と解され、商業手形という勘定科目により資金の融通を図ることを指します。どちらも"資金の融通"という意味では同じであることから、「貸付け」と「手形の割引」の両者を包含した業務を「貸出」という言葉で表わし使用しています。

　また、銀行の貸借対照表は、一般社団法人全国銀行協会が作成した「銀行業における決算経理要領について」に記載方法が定められていますが、その記載要領では「貸出金」という言葉が使われ、その内訳として割引手形・手形貸付・証書貸付・当座貸越と区分けされ表記されています。

　「融資」という単語の意味は、"資金を融通すること"（広辞苑）という、国語的にはまさに漢字が意味するとおりですが、「貸出」は上記のとおり、「資金の貸付け又は手形の割引」という意味を含み、法的・実務的な背景がある言葉であるというところに違いがあると考えます。

　今般、この新版において「融資」という言葉が出てきます。これは、金融庁がモニタリング基本方針において「事業性評価に基づく融資」という言葉を使用していることから、同方針にかかわる記述は「融資」としました。

　ちなみに、筆者が銀行に入った40数年前には「融資」という言葉は使われていませんでした。筆者がもっている、昭和26年刊「新銀行實務叢書」（㈶物価調査會）・昭和41年刊「新銀行実務講座」（㈱有斐閣）・昭和47年刊「新銀行実務法律講座」（㈱銀行研修社）ではどれも「貸付」と称され、昭和56年刊「新銀行取引全書」（㈱草文社）では「貸出取引」という言葉が使われています。

　また、筆者が在籍した三菱銀行において「融資部」が新設されたのは平成2年です。貸出案件の審査機能だけでなく、"貸出業務に係わる営業店の指導・監督という機能をもたせる"という形で設置されました（「続々三菱銀行史」）。そういう意味では、「融資」は貸出業務の審査と推進という両方の意味をもつ言葉と考えられます。

初版はじめに

　銀行の決算をみますと、貸借対照表における資産の部で最も大きな資産は「貸出金」であり、損益計算書における経常利益で最も大きな柱は「貸出金利益」であることがわかります。したがって、「健全」な貸出資産を多くもつことが、銀行の「安定的」な収益に繋がることになります。
　しかし、貸出資産は数字的に大きければよいというものではありません。そのことはバブル経済の崩壊によって経験した不良債権問題を考えれば明らかです。ここでもう一度認識すべき大切なことは、銀行経営において貸出資産が「健全」でなければ、収益は「安定的」ではなくなるということです。
　銀行が私企業として収益をあげるため、また経済社会において銀行の使命を全うするため、銀行は預金者からの預金を原資とした貸出業務（資金の運用）に際して、いやしくも焦げ付くような貸出を行ってはいけません。銀行は貸出業務を通して企業の育成・発展に資することで経済社会に貢献するという重要な役目を担っていますが、同業務の遂行に際しては不良貸出の防止に最大限の注意を払うことはきわめて大切なことです。
　銀行はバブル期において、「お客さま第一」という貸出業務の本質を忘れ、銀行自らの収益獲得のために業容（貸出金額）拡大競争に走り、健全ではない貸出にも手を出しました。その結果がどうであったか。私たちは、あらためて過去の不良債権問題を反省しなければなりません。いま、銀行における貸出業務を所管する部署（組織）と、そして営業店の第一線で貸出業務に携わる担当者（人）は、共に貸出業務に関する認識と行動を改め、基本に立ち戻るべきです。
　不良債権が引き起こす問題点を認識していただくために、わかりやすく説明しましょう。銀行（＝担当者）が安易な貸出を行い１億円の貸倒れが発生し、回収不能になった場合のことを考えます。銀行は貸出金額である１億円の損失を被ります。この損失額をカバーするため、貸出業務の利鞘で１億円

の損失を取り戻すためにはどれほどの新規貸出を行わなければいけないでしょうか。説明を簡単にするため、預金金利1％、貸出金利3％、預貸金利鞘が2％であると仮定します（経費勘案せず）。1億円の資金収益を稼ぐには、50億円（＝1億円÷2％）の新たな貸出を行わなければいけないという計算になります。

1億円の損失額をカバーするのに50億円もの貸出を行わなければいけないということです。このような事態に遭遇すると、貸出資産は「健全」であるべきという基本を忘れ、ともかく量的拡大を図って取り戻すことを考えるようになりがちです。そのような状況では、資金使途や金額の妥当性の検証や担保設定等々の貸出諸規定についての基本動作がないがしろにされ、数字至上主義のもと、目標達成のために無理・無謀な貸出に走るという悪循環に陥る可能性があります。その要因もあって、不良債権が生じたともいえます。

そのような悪循環に陥らないようにするには、不良債権に繋がるような貸出は回避するという、貸出業務の基本に立ち戻らなければいけません。そのために必要なこと、学ぶべきことは何かを本書を通して述べていきます。

本書は3編構成にしました。

第Ⅰ編は、貸出業務に携わる者のスタンスについて述べています。基本に立ち戻るためには意識改革が必要です。貸出業務に関しても、経験年数や実務的にベテランといわれる以前の問題として、自らの考え方にしっかりとした軸がなければいけません。同じような案件でも、上司の指示や顧客の声の大きさ、置かれている立場・状況によって判断が揺らぐようであってはいけません。

貸出業務に携わる者は、同業務の重要性と意義に鑑み、自らの心のなかに確固たる判断の思想と軸をもっていなければなりません。実務に必要な法律や財務分析等の知識も大切ですが、貸出業務に携わる者は「王道たる考え方の軸」というものをもつことが必要不可欠であると思います。第Ⅰ編では、「貸出業務の王道」という軸になる考え方と同業務に携わる際の基本的心構

えについて述べます。

　第Ⅱ編では、真っ当な貸出業務を行うに際し、最も重要なことは「資金使途の検証」であることを述べます。当たり前のことを当たり前に行う貸出業務は、顧客からの借入申出内容を銀行が資金使途の検証を通して、正確に把握することから始まります。

　いうまでもなく、貸出業務は貸出資金を回収するまでがワン・サイクルの仕事です。貸出の可否の一義的判断のポイントは、金利の水準や担保の有無ではなく、不良債権にならないか、回収できるかという見極めが重要になります。それは、貸出資金の使途によって、顧客の事業内容、業績、そして返済原資の確認もできることから、資金使途の検証が重要なのです。

　それぞれの資金使途の検証について、事例を中心にしてわかりやすい解説を心掛けました。内容をわかりやすく、読みやすくするため、支店長と担当者の会話という形の事例を各章の冒頭（第1節）に取り入れました。その会話のなかにも貸出業務の基本動作に関する重要なポイントが含まれていますので、読み流すことなく精読をしていただきたいと思います。

　すでに発行されている貸出業務に関する参考図書は、貸借対照表や損益計算書を財務分析することによって、安全性・成長性・収益性の数値を定量的に検討する内容のものがほとんどだと思われます。本書は、そうした資金使途を財務分析的な視点から論ずるものではありません。貸出業務に必要な真っ当な考え方を中心に据えて、資金使途の検証を考えることを目的に書いたものです。

　第Ⅲ編は、貸出業務を清々と行う際のポイントを「知恵袋」というかたちで取り出しました。既存の貸出（融資）関連図書では、系統的な目次には納まりにくいが経験的に役に立つ内容をピックアップしました。

　貸出担当者として判断の軸を自らに確立させ、顧客のために役に立つ真っ当な貸出業務を行い、銀行のために健全な貸出資産の積上げに努めていただきたいと思います。その際、本書が貸出業務の第一線で活躍されている諸兄

諸氏に少しばかりでもお役に立てることができれば筆者として幸いに思います。

　最後に、本書の刊行に際し、出版の機会を与えていただきました社団法人金融財政事情研究会出版部の竹崎巖氏、平野正樹氏には深く感謝申し上げます。

　平成19年5月

吉 田　重 雄

目 次

プロローグ：無免許の人に車を運転させたら…… ———————— 1

第Ⅰ編　事業性評価融資

第1章　金融行政の変化を読む ……………………………………… 7
- 第1節　貸出業務の見直し ……………………………………………… 7
- 第2節　「金融モニタリング基本方針（平成26事務年度）」………… 8
- 第3節　筆者が習った貸出業務 ……………………………………… 11
- 第4節　「平成27事務年度金融行政方針」…………………………… 13
- 第5節　「金融行政の目指す姿・重点施策」から読み取ること …… 17

第2章　「事業性評価に基づく融資等」への対応 …………………… 28
- 第1節　人事部対応 …………………………………………………… 28
  - 1　貸出担当者の職務範囲 ………………………………………… 28
  - 2　指導・教育の内容 ……………………………………………… 30
  - 3　育成・OJTの方法 ……………………………………………… 33
  - 4　実績考課・人事評価の体系 …………………………………… 36
- 第2節　審査部対応 …………………………………………………… 38
  - 1　審査部の役割 …………………………………………………… 39
  - 2　支店に対する指導 ……………………………………………… 40
  - 3　トレーニー制度 ………………………………………………… 41
- 第3節　産業調査等 …………………………………………………… 43
  - 1　産業調査を行う ………………………………………………… 43
  - 2　業界動向・業種別審査を行う ………………………………… 44

第Ⅱ編　貸出業務の王道

第1章　貸出業務の本質……51

第1節　事例紹介……51
第2節　銀行は「雨の日に傘をさしてくれない」?……57
第3節　「貸し渋り」……59
第4節　貸出業務の判断基軸……60
　1　不良債権問題の反省……60
　2　貸出業務の「王道」とは何か……62
　3　理性に基づく貸出判断……70

第2章　資金使途の確認……72

第1節　事例紹介……72
第2節　資金使途把握の重要性……77
第3節　資金使途の確認が貸出判断の原点……78

第3章　貸出業務に関する基本的心構え……80

第1節　事例紹介……80
第2節　貸出業務担当者の心構え……84
第3節　政策的な判断……87
第4節　営業推進とリスク管理……89

第Ⅲ編　資金使途別借入申出の検証

第1章　資金使途把握の重要性……95

第1節　事例紹介……95

第2節　資金使途の確認 …………………………………… 96
　第3節　資金使途にこだわる理由 ………………………… 97
　第4節　資金使途の種類 …………………………………… 98

第2章　経常運転資金 …………………………………… 100

　第1節　運転資金という言葉 ……………………………… 100
　　1　事例紹介 ……………………………………………… 100
　　2　運転資金という言葉の意味 ………………………… 102
　第2節　経常運転資金とは何か …………………………… 103
　　1　事例紹介 ……………………………………………… 103
　　2　経常運転資金の概要 ………………………………… 105
　　3　経常運転資金の金額把握：基礎編 ………………… 106
　　4　経常運転資金の金額把握：応用編 ………………… 109
　　5　短期借入金額と経常運転資金借入金額 …………… 111
　第3節　経常運転資金貸出の継続 ………………………… 112
　　1　事例紹介 ……………………………………………… 112
　　2　経常運転資金貸出継続に際しての認識 …………… 115
　第4節　経常運転資金に関する議論 ……………………… 116
　　1　経常運転資金の長期貸出による採上げ …………… 116
　　2　経常運転資金の当座貸越（極度）による採上げ … 118
　　3　経常運転資金貸出の返済・約弁 …………………… 120
　　4　経常運転資金の返済原資 …………………………… 122
　　5　経常運転資金が減少した場合 ……………………… 123
　　6　逆収支 ………………………………………………… 124

第3章　増加運転資金 …………………………………… 126

　第1節　事例紹介 …………………………………………… 126
　第2節　増加運転資金とは何か …………………………… 130

1　増加運転資金の概要 …………………………………………… 130
　　2　増加運転資金の発生要因 ……………………………………… 130
　　3　増加運転資金の金額把握：基礎編 …………………………… 131
　　4　増加運転資金の金額把握：応用編 …………………………… 132
　第3節　増加運転資金の検討事項 …………………………………… 137
　　1　あらためて「貸出業務の王道」 ……………………………… 137
　　2　増加運転資金貸出の検討 ……………………………………… 138
　第4節　増加運転資金貸出の採上げ方 ……………………………… 140
　　1　増加運転資金の貸出判断のポイント ………………………… 140
　　2　増加運転資金貸出の採上げ方 ………………………………… 141
　第5節　具体的事例の検討 …………………………………………… 142
　　1　借入申出 ………………………………………………………… 142
　　2　増加運転資金の検討ワークシート …………………………… 144
　　3　検討結果 ………………………………………………………… 144
　　コラム●貸すも親切、貸さぬも親切 ……………………………… 146

第4章　長期運転資金 …………………………………………… 148

　第1節　事例紹介 ……………………………………………………… 148
　第2節　経常運転資金の長期運転資金貸出対応 …………………… 149
　第3節　経常運転資金以外の長期運転資金貸出 …………………… 151
　　1　過去に許容した決算賞与資金・季節資金貸出等の解決策 … 151
　　2　長期貸付金、入居保証金を資金使途とする場合 …………… 151
　　3　社債償還を目的とする場合 …………………………………… 152
　　4　その他の場合 …………………………………………………… 152
　第4節　長期運転資金借入申出の検証 ……………………………… 152

第5章　決算資金 ………………………………………………… 153

　第1節　事例紹介 ……………………………………………………… 153

第 2 節　決算資金とは何か ……………………………………………… 156
　1　決算資金の概要 ……………………………………………………… 156
　2　なぜ借入れが必要か ………………………………………………… 156
第 3 節　決算資金の検討 ………………………………………………… 156
　1　決算内容の把握 ……………………………………………………… 156
　2　決算支出金額の検討 ………………………………………………… 157
第 4 節　決算資金貸出の採上げ方 ……………………………………… 158
第 5 節　具体的事例の検討 ……………………………………………… 159
　1　事 例 1 ……………………………………………………………… 159
　2　事 例 2 ……………………………………………………………… 160

第 6 章　賞与資金 …………………………………………………… 162

第 1 節　事例紹介 ………………………………………………………… 162
第 2 節　賞与資金とは何か ……………………………………………… 163
第 3 節　賞与資金の検討 ………………………………………………… 163
第 4 節　賞与資金貸出の採上げ方 ……………………………………… 164
第 5 節　具体的事例の検討 ……………………………………………… 165
　1　事 例 1 ……………………………………………………………… 165
　2　事 例 2 ……………………………………………………………… 166

第 7 章　季節資金 …………………………………………………… 168

第 1 節　事例紹介 ………………………………………………………… 168
第 2 節　季節資金とは何か ……………………………………………… 170
　1　季節資金の概要 ……………………………………………………… 170
　2　季節資金の発生要因 ………………………………………………… 171
　3　季節資金の間違った認識 …………………………………………… 172
第 3 節　季節資金の検討 ………………………………………………… 173
　1　季節資金の発生時期 ………………………………………………… 173

2　季節資金の金額 ………………………………………… 173
　第4節　季節資金貸出の採上げ方 ………………………………… 174

第8章　工事立替資金 ……………………………………………176

　第1節　事例紹介 ……………………………………………… 176
　第2節　工事立替資金とは何か ………………………………… 179
　第3節　工事立替資金の検討 …………………………………… 179
　第4節　工事立替資金貸出の採上げ方 ………………………… 180
　第5節　土木建設業者について ………………………………… 182
　　1　土木建設業者の業者登録の確認 ……………………… 182
　　2　土木建設業者の決算 …………………………………… 183
　　3　経営事項審査 …………………………………………… 183

第9章　肩代わり資金 ……………………………………………185

　第1節　事例紹介 ……………………………………………… 185
　第2節　肩代わり資金とは何か ………………………………… 188
　第3節　肩代わり資金の検討 …………………………………… 189
　　1　企業がとる行動 ………………………………………… 190
　　2　銀行がとる行動 ………………………………………… 191
　第4節　肩代わり資金貸出の採上げ方 ………………………… 193
　第5節　肩代わり貸出の真偽 …………………………………… 194
　第6節　肩代わり貸出の成功率の評価 ………………………… 195

第10章　設備資金 …………………………………………………197

　第1節　設備資金とは何か ……………………………………… 197
　第2節　設備投資計画の検討 …………………………………… 198
　　1　設備投資計画の検討 …………………………………… 198
　　2　資金計画の検討 ………………………………………… 199

3　投資効果の測定 …………………………………………… 200
　第3節　設備資金貸出の検討 ………………………………………… 201
　　　1　流動性の見地からの検討 ………………………………… 201
　　　2　収益性の見地からの検討 ………………………………… 203
　　　3　資金調達の見地からの検討 ……………………………… 204
　第4節　設備資金貸出の採上げ方 …………………………………… 204
　　　1　資金調達計画の妥当性 …………………………………… 204
　　　2　長期借入金の返済能力のチェック ……………………… 205
　　　3　その他の検討事項 ………………………………………… 205

第Ⅳ編　貸出業務に役立つ知恵袋

第1章　世の中の変化と貸出業務 ……………………………………209

　第1節　変わること、変わらないこと ……………………………… 209
　第2節　商品の変化 …………………………………………………… 210
　第3節　価格の変化 …………………………………………………… 210
　第4節　物流体制・販売形態 ………………………………………… 211
　第5節　総　　括 ……………………………………………………… 212

第2章　勘定科目内訳明細書 …………………………………………213

　第1節　勘定科目内訳明細書の徴求 ………………………………… 213
　第2節　勘定科目内訳明細書の見方 ………………………………… 217

第3章　銀行取引一覧表 ………………………………………………220

第4章　月商ヒアリング ………………………………………………224

　第1節　月商ヒアリングの意義 ……………………………………… 224

| 第2節 | 月商ヒアリングの効果 …………………………………… 226 |

第5章　売上分析 …………………………………………………227

第6章　在庫をもつコスト ………………………………………230

第7章　「いくらまで貸してくれるか」と「折返し資金」……232

| 第1節 | 担保があれば ……………………………………………… 232 |
| 第2節 | 返済した分を……………………………………………… 232 |

第8章　貸出審査の類型 …………………………………………235

第1節	リレーションバンキングとトランズアクションバンキング … 235
第2節	スコアリング貸出 ………………………………………… 236
第3節	コンピュータ審査 ………………………………………… 237
第4節	スコアリング貸出・コンピュータ審査の問題点 ……………… 238

第9章　決算書の粉飾 ……………………………………………239

第10章　「増収増益」と「減収減益」…………………………241

あとがき ……………………………………………………………… 243

プロローグ：無免許の人に車を運転させたら……

　自動車を無免許で運転した者（違反者）は、道路交通法によって３年以下の懲役または50万円以下の罰金が科せられます。

　それでは、無免許であることを知っていながら、無免許の者に自動車を運転させたらどうなるか知っていますか？　その場合、無免許者に自動車の運転をさせた者も「無免許運転の教唆犯」として処罰されることがあります。

　刑法では、教唆犯の処罰について、「人を教唆して犯罪を実行せしめた者は正犯に準ず」と定めています。たとえば、会社役員・上司が免許をもっていない部下に運転を命じて事故を起こしたとき、教唆者である役員・上司のほうが重く処罰されることがあるそうです。

　本書の「新版はじめに」で、筆者は現在多くの銀行で行われている貸出業務について、「"無免許の者が運転する車がスピード違反している"といわれても仕方ない状況といえます」と書きました。

　それは、筆者が研修や講演等の機会に貸出業務に従事している現役の銀行員をみるとき、多くの人は貸出業務を遂行するに必要な基礎的知識を十分に身に付けているとはいえない状態であると感じ、まさに無免許の者が貸出業務を行っているように思うからです。さらに、現在行われている貸出業務の内容をみるとき、貸出業務の基本原則を遵守していないばかりか、収益・ボリュームの数的目標達成のために無茶で無謀な貸出が行われている実態をみるとき、まさに法定速度を守らないでスピード違反の運転をしているように思うからです。

　自動車運転免許の取得に置き換えて考えると、貸出業務を遂行するに必要な基礎的知識が足りないことは学科試験で不合格である状態であり、貸出業務の基本原則を遵守せず、無茶で無謀な貸出を行うことは、運転技能試験で不合格となる状態といえます。

　部下が貸出業務に関して無免許と等しい状態であることを知りながら、同

業務を担当させ、数字競争に走らせている役員・支店長は「無免許運転の教唆犯」に似ているように感じますが、それは言い過ぎでしょうか。

銀行法第4条は、「銀行業は、内閣総理大臣の免許を受けた者でなければ、営むことができない」と定められています。条文の「免許を受けた者」は現在銀行業を営んでいる銀行（法人）です。筆者が問題視している「無免許の者」は「銀行員／個人」を指しています。すなわち、銀行は銀行業を営む免許を有していますが、実際に銀行業務のうち貸出業務を遂行する銀行員は免許業務を遂行するレベルに至っているかということが問題になろうかと考えます。

筆者は、『銀行ルネサンス』（金融財政事情研究会）で次のように書きました。

> このことは、銀行免許を与えられた銀行は、銀行業を遂行する行員が条文の要件を備えていなければいけないと解して当然と考えます。言い換えてみれば、銀行が銀行業を遂行するとき、免許業務を行うに相応しい人材を備えていなければいけないということです。
>
> 翻って考えれば、銀行が行員に対する教育指導・育成を怠り、業務知識も未熟で道徳倫理観ももたない行員に銀行業務を行わせている実態があるとすれば、運転免許をもっていない行員に無免許運転させているようなことといえます。
>
> 上記のとおり考えるとき、銀行は行員を、免許業務を行うに相応しいレベルまで教育指導、育成しなければいけない責務があると考えます。

（同書155〜156頁）

にもかかわらず、多くの銀行は入行式を迎える前の内定者に対して、入行式までに証券外務員試験の資格を取得するようにという指示を出しています。銀行に就職を希望して内定している者に、銀行業務の基本や銀行員の心構えを教える前に、なぜ証券外務員の資格をとらせるのでしょうか。筆者は

"なぜ？"と疑問に思い、いくつかの銀行で質問しましたら、次のような答えが返ってきました。「銀行に入ってからは仕事が忙しく、証券外務員試験の資格取得の勉強時間の確保がむずかしい」というのです。それでは、そんな忙しいなかで、銀行の本業であり、銀行収益の大黒柱である重要な貸出業務の勉強時間はどのように確保しているのでしょうか。

　常識的に考えれば、銀行に就職を希望した人たちに対しては、銀行に入行して（入行式を終えて）から、新人研修において銀行業務の基本・銀行員の心構えを教え、現場（支店）に配属させて銀行業（固有業務としての預金・貸付・為替）を最初に経験させるのが筋ではないでしょうか。銀行業の基本を教え、預金・貸付・為替の仕事に就かせた後、それから付随業務（国債の窓販等）や他業証券業務等（投信販売）の販売等を行うために必要な資格を取得させ、同業務に就かせることが順序であり筋道ではないでしょうか。

　現在、銀行業を遂行するに際しては、預金と為替の業務はマニュアルに則り、コンピュータ処理され、行われます。しかし、貸出業務については、事務にはマニュアルがありますが、貸出実行の可否を見極めて判断するためのマニュアルはありません。

　貸出業務では、個別企業・個別案件ごとに"判断する"ことが重要になります。その"判断"を行うためには、貸出業務を行うに必要最低限の知識（財務・法律等）が必要です。その知識を学んだうえで、企業の事業内容の実態を把握し、資金使途を見極め、「事業性評価に基づく融資等」を真摯に遂行することが大事になります。

第Ⅰ編

事業性評価融資

第1章　金融行政の変化を読む

第1節　貸出業務の見直し

　本書の初版は『事例に学ぶ貸出判断の勘所』として発刊して8年が経ちます。筆者が初版・本書で訴えたいポイントは帯に記したように「貸出業務の生命は資金使途の検証にあり!!」です。

　しかし、現実に行われている貸出業務は、資金使途の検証はないがしろにされ、コンピュータによるスピード審査やスコアリング貸出が行われ、信用保証協会の全額保証に頼り、財務諸表に基づく格付や自己資産査定の結果が重視されて行われています。

　貸出業務の本質は、単に金を貸すだけではありません。銀行の貸出業務を担当する者（支店長から若手行員まで）は、貸出先の非常勤役員という立場に居るほどの意識をもって、企業経営に資する付加価値の提供を行うことが大切な役目であると筆者は考えています。

　銀行の貸出業務は、貸出残高増強を目的に価格競争（＝低金利競争）を行うのではなく、価値競争を行うことが重要であると、筆者は自らの著書や貸出業務の研修の場で訴えてきました。貸出業務において価値競争を行うということは、消費行動において、高価な商品でも、顧客がほしいと思うもの・品質がよいもの・ブランド品などが売れるように、貸出業務において貸出金利が少し高くても、銀行が日常的に企業経営・事業内容に役立つサービスや情報等を提供し、その内容や当該銀行と取引を継続することに満足感を得、価値があると判断できれば、企業は他行より少々高い金利でも借りてくれるということです。銀行の貸出業務は、貸出先の企業経営・事業内容に役立つサービスや情報等の付加価値で他行と勝負し勝つことが大事です。すなわち、金利で勝つこと（低金利競争）ではなく、提供する価値で勝つことによって信頼関係は強まり、数字（貸出金額・収益）も自ずとついてくると考

えて行動するべきです。

　銀行は、現在行われている貸出業務を見直す必要があります。数字や収益の確保・増強を目的に低金利でボリューム増大を図る競争を行うことは止めるべきです。貸出業務の本質は、まず、貸出先の企業経営と事業内容について理解を深めること＝貸出先を知ることから始めなければいけません。貸出業務に携わる者は、決算書だけでなく、経営者（経営力）・事業内容（生産販売する製品商品の市場・業界動向等）もみなければいけません。

　そして、資金需要（借入申出）についての対応は、企業経営と事業内容を踏まえたうえで、「資金使途の検証」を行わなければいけません。企業経営と事業内容を理解しなければ「資金使途の検証」はできません。

　いま、銀行は貸出業務を原点から見直す時がきました。それは、金融庁が「事業性評価に基づく融資等」という考え方を打ち出してきたからです。筆者は「事業性評価に基づく融資等」という考え方のなかに、企業経営と事業内容を踏まえて行う貸出業務の本来の姿があると思います。

第2節　「金融モニタリング基本方針（平成26事務年度）」

　金融庁は、平成26年9月に新たな金融モニタリング基本方針を示しました。そのなかで「重点施策」として「事業性評価に基づく融資等」について次のような内容を示しました。

　　　　　金融機関は、財務データや担保・保証に必要以上に依存することなく、借り手企業の事業の内容や成長可能性などを適切に評価し（「事業性評価」）、融資や助言を行い、企業や産業の成長を支援していくことが求められる。また、中小企業に対しては、引き続き、きめ細かく対応し、円滑な資金供給等に努めることが求められている。

　　　　　金融庁としては、この面での金融機関の経営姿勢、企業の事業性評価への取組み、企業に対し現実にいかなる対応を行っている

か等につき、検証を行っていく。

　これについて、日本経済新聞は同年9月29日付電子版に「事業性融資って何？　金融庁の「宿題」に戸惑う銀行」という記事を掲載しています。金融モニタリング基本方針では「事業性評価に基づく融資等」と書かれていますが、日本経済新聞では「事業性（評価）融資」という言葉で、「等」は省かれています。筆者は、この「等」も大事なことであると考えますが、ここでは「融資」と「等」を分け、まずは「融資」についてから考えてみたいと思います。

　「事業性評価に基づく融資」という言葉を耳にして、"新しい考え方が示された"と思っている銀行員は数多くいると思います。なぜならば、それまでの融資は「事業性評価」に基づく融資判断とはいえないやり方で融資を行ってきたからです。しかし、筆者の年代（60歳以上）の元銀行員であれば、「事業性評価に基づく融資」という考え方は当たり前のことであり、事業性評価を行わないで融資する姿勢自体が間違っていると思うはずです。

　それではなぜ現役の銀行員は「事業性評価に基づく融資」が新しい考え方と思うのでしょうか。それは、バブル崩壊後の銀行の不良債権を処理する過程において、貸出先の信用格付を行い、その信用格付に基づく自己資産査定・債務者区分が行われるようになったことが大きく影響していると思います。信用格付は財務内容を重視することから、財務基盤が脆弱なため業績が変動する小体先の中小企業や零細企業はどうしても信用格付が低くなりがちです。かつ担保余力がなければさらに融資取引の維持・継続や拡大がむずかしくなります。

　そういう環境のなか、コンピュータによるクイック審査やスコアリング貸出が行われ、緊急保証制度の信用保証協会保証に頼り、金融円滑化法による救済的融資が行われてきました。そのことにより自ら行う融資判断の機会が減り、銀行・貸出担当者は判断リスクを負うことに臆病になってきたかもしれません。

　また、実績考課や人事評価が数字至上主義・収益至上主義という考え方の

もと、数的実績が重視される成果主義に基づき行われるようになったこともあり、貸出業務は質的成果より量的成果を追い求めるようになってきていることは事実だと思います。それは、低金利競争や恥ずかしい行為（「早割り・早貸し」「貸し込み」「期末日越え短期貸出」）という実態に現れています。

　さらに、決算分析をコンピュータで行う体制になっていることで、貸出担当者は自ら決算分析を行わず、財務諸表を読む力が落ちました。同様に貸出先の企業情報を要約した取引先概要表もコンピュータで自動作成されるため、企業の概要や事業内容を自ら見、聴き、確認し、自分の手と頭を使って取引先概要表を作らなくなり、自分が担当する貸出先の企業経営・事業内容について語れない（頭に入っていない・覚えていない）担当者も数多くいるようです。

　上記実態は、筆者が30数行の地銀・第二地銀で170回以上も行ってきた貸出研修において、若手から支店長まで貸出業務に携わる人と接して強く感じているところです。

　その結果、銀行全体（審査部・融資部、支店）の審査能力・貸出判断力のレベルは明らかに低下しています。そして現場では貸出業務の本質を理解していない人たちによって、資金使途を検証することなくお願いベースで借りてもらったり、数字目的で恥ずかしい行為（「早割り・早貸し」「貸し込み」「期末日越え短期貸出」）が行われています。

　そのような実態を省みて、かつ今後の日本経済・地域経済に資するために金融機関が果たすべき役割を考えるとき、銀行は本来の姿の貸出業務を行う必要があると考え、「事業性評価に基づく融資」という考え方が前面に出されたと理解します。

　その背景として次のような状況があることを理解しておく必要があります。それは、少子高齢化が進展し、人口減少が進むと、労働力不足が生じることから、産業や企業の生産性向上を図ることが重要な課題となります。特に、地方経済でその現象は顕著になることが予想されることから、地域ごとに産業や企業の生産性向上を図り、雇用・賃金の改善を図ることが求められ

ます。そこで、地域金融機関の役割が期待されることになると考えます。

地域金融機関は、優良企業・格付上位の企業を中心に貸し、担保がある・信用保証協会保証が得られれば貸すというだけではなく、貸出業務をもっと広い目でみることが重要であるということから、「事業性評価に基づく融資」という考え方が示されたのだと思います。

しかし、繰り返して申し上げますが、筆者の世代が行ってきた貸出業務は、"財務データや担保・保証に必要以上に依存することなく、借り手企業の事業の内容や成長可能性などを適切に評価"することは当たり前のことであり、決して目新しいことではありません。筆者にとって「事業性評価に基づく融資」という言葉は、"貸出業務の原点回帰"と受け止めています。

問題は、"貸出業務の原点"を知っている人、若手にそれを教えられる人が現役世代に少なくなっているということではないでしょうか。

第3節　筆者が習った貸出業務

筆者は昭和48年に三菱銀行（現三菱東京UFJ銀行）に入行しました。49年に貸付係に配属されたとき、審査部が作成した『企業調査必携』という本を渡されました。貸付担当者が学ぶべきこと（企業調査の方法、財務諸表の分析等）が記された実務参考書といえます。

その本はいまから約50年前（昭和41年刊）に行員向けに作成された行内本（当然非売品）ですが、それをいまになって読み返してみますと、そこには「事業性評価に基づく融資」が目指すところの考え方と同じことが書かれています。同書には次のように書かれています。

　　　　「企業調査の目的は単に不良貸出の防止という消極的な面にあるのではなく、優良企業を発掘し之を育成することによって、貸出内容の質的向上をはかり以って銀行の繁栄に貢献するという積極的な面にある」。

　　　　「従って、われわれは取引先との個々の取引条件の検討だけに

とらわれることなく、常に取引先の実態を把握する意欲を持ち続け、不断の関心と努力を傾注しなければならない」。

「企業の信用度について云々する場合に「利益率が何％ある」とか「流動比率は何％以上なくてはいけない」とか「負債比率が高すぎる」というようなことがいわれることがある。これらの尺度にはそれ相応の意味があり、それが企業の現在の健康状態を示す一尺度であることは間違いないが、その一つだけを取上げてそれだけで企業の体質、生活能力を判断することは危険である。これらの尺度はどれをとってみても企業体の限られた一面を、然もある一時点でとらえているに過ぎないし、それ一つで企業の健全性を測る唯一絶対的な尺度というものはあり得ないからである。（中略）種々の尺度に示された結果を相互に関連づけて有機的に判断することが必要である」。

「財務分析が如何に技術的に優れ、明快な数値によって結論を示し得ても、これのみでは企業の評価を完成することはできない」。

「企業の価値としては金額的に評価できない要素があることである。例えば経営者の個人的手腕、企業系列、取引先関係、業種としての特性などである」。

「要するに企業調査とは企業の人的要素・物的要素・営業活動の状況を調査し、財務分析によってそれぞれの価値判断を行うと共に、これらの要素によって財務分析の結果を解釈し、企業の収益性、流動性を動態的に把握することである。従って企業調査は財務分析だけ、或いは逆に実体面の調査だけに片寄ることはできない」。

「企業の信用上の欠陥を補うものとして担保（保証を含む）がある。企業の信用度を調査して不足や欠陥が見出された場合、担保によってこれを補完し、与信を可能にすることができる。然し乍

ら担保は取引先の信用上の欠陥が現実のものとなって貸出が回収不能となった場合の不測の損害を避けるものであって、担保処分をあらかじめ予定するようなものであってはならない」。

「「これだけの担保があれば、いくら借りられるか？」という質問に銀行は応ずることはできない。それはなぜか。銀行が金を貸すのは物に対して貸すのではなく、人なり企業なりの経営に対して有効な資金を貸すのである」。

ここに紹介した文章は、「財務データや担保・保証に必要以上に依存することなく、借り手企業の事業の内容や成長可能性などを適切に評価し」という「事業性評価融資」の考え方に近いといえます。

しかし、この本が発刊され、利用されていたときの時代背景は、日本経済が高度成長・安定成長期といわれた時代です。資金循環分析的には法人部門の資金不足が大きく、銀行貸出によって法人部門へ資金供給され、そのことが経済成長に資する時代でした。すなわち、旺盛な資金需要の時代における貸出業務の実務参考書といえます。

現在の銀行の貸出業務を取り囲む環境は大きく異なります。それは、資金循環分析的にみると、法人部門は資金余剰主体になっていることにあります。このことは間接金融機関としての銀行の貸出業務のあり方を考え直さなければいけないことを意味します。

そこで、あらためて新たな金融モニタリング基本方針をみると「事業性評価に基づく融資等」と、融資だけではなく「等」という字がつけられています。このことは、いまの時代、企業ニーズに応えるため、あるいは銀行の貸出業務は、融資するだけではなく、「等」が意味することも行う必要があるということと考えます。

第4節 「平成27事務年度金融行政方針」

平成27年9月に金融庁は「平成27事務年度金融行政方針」を公表しまし

た。金融庁はこれまで金融機関に対する監督・検査のモニタリングの基本方針を毎年公表してきました。今年はこれを「金融行政方針」というかたちで公表しました。

　「金融行政方針」は、「金融行政の目的」「金融行政の目指す姿・重点施策」「金融庁の改革」の三つで構成されています。

　「金融行政の目的」では、「金融とは、身体をめぐる血液のようなものであり、資金が適切に供給されていくことで、経済成長や国民の生活の向上が図られる」と書かれています。これは、銀行法第1条（目的）の条文「金融の円滑を図るため、銀行の業務の健全かつ適切な運営を期し、もつて国民経済の健全な発展に資することを目的とする」と同じ内容と理解できます。

　そして、次の「金融行政の目指す姿・重点施策」では、「2．金融仲介機能の十分な発揮と健全な金融システムの確保」のなかで「国内で活動する金融機関」という項目を掲げて次のように書かれています。

　　　　金融機関のビジネスモデルは様々であり、多様なビジネスモデルを有する金融機関が存在することは、我が国における金融業の厚みにつながるものである。他方、地域に密着した多くの地域金融機関については、地域経済や地場の産業・企業の発展に貢献することが自らの経営の健全性の確保にもつながる。そうした国内で活動する金融機関については、営業地域における顧客層のニーズを的確に捉えた商品・サービスの提供を行うとともに、地域の経済・産業を支えていくことが求められる。また、担保・保証に依存する融資姿勢を改め、取引先企業の事業の内容や成長可能性等を適切に評価（事業性評価）し、融資や本業支援等を通じて、地域産業・企業の生産性向上や円滑な新陳代謝の促進を図り、地方創生に貢献していくことが期待される。足元で、低金利競争や貸出残高増加の動きも見られるが、産業・企業の生産性向上に貢献するような競争を行うことが、地域経済の発展と自らの収益基盤の安定につながるものと考えられる（下線は筆者）。

金融庁が発したこの文書をどのように読むかは、銀行にとって非常に重要なことです。斜め読みや流し読みという安易な読み方ですませてはいけません。これをしっかり読んでもらうために、筆者のちょっと変わった読み方による解釈を紹介してみます。それは、吉田松陰が松下村塾で行った講釈について、『松下村塾』（古川薫著・講談社学術文庫）で「先生の書を解釈せらるるは、専ら文法より入る。経書の如きも講会の時しばしば文法を説かるることあり。」と書かれていることから、筆者も上記文書を文法的側面から読んでみたいと思います。

　上記文書の「そうした国内で活動する金融機関〜」以下の三つのセンテンスは、それぞれ「求められる」「期待される」「考えられる」という、助動詞の「れる・られる」で締め括られています。助動詞の「れる・られる」は、使い方によって、受身・可能・自発・尊敬の四つの意味があります。この助動詞をどのように読むかで、金融庁が銀行に求めていること、銀行がやらなければいけないことが読み取れます。

　最初のセンテンス、「国内で活動する金融機関については、営業地域における顧客層のニーズを的確に捉えた商品・サービスの提供を行うとともに、地域の経済・産業を支えていくことが求められる」の「求められる」という言葉づかいは、要求・要望・要請・お願いされるという意味をもつ受身の助動詞「られる」で締め括っています。求める側は金融庁で、求められる受身の立場が銀行です。すなわち、これは「営業地域における顧客層のニーズを的確に捉えた商品・サービスの提供を行って、地域の経済・産業を支えてください」ということを、金融庁が銀行に対して要望・要請するメッセージです。銀行はこのメッセージを受け止め（「求められる」）、このことを真摯に実践しなければいけないということです。

　次のセンテンス、「担保・保証に依存する融資姿勢を改め、取引先企業の事業の内容や成長可能性等を適切に評価（事業性評価）し、融資や本業支援等を通じて、地域産業・企業の生産性向上や円滑な新陳代謝の促進を図り、地方創生に貢献していくことが期待される」の「期待される」は、状態や状

況がいまよりよくなるということに希望がもてる・望みがもてる・将来性があるという意味の、可能の助動詞「れる」です。前段の「担保・保証に依存する融資姿勢を改め、取引先企業の事業の内容や成長可能性等を適切に評価（事業性評価）し、融資や本業支援等を通じて」までは、金融庁が銀行に望み、要請していることです。銀行がこれを実践することで「地域産業・企業の生産性向上や円滑な新陳代謝の促進を図る」ことと「地方創生に貢献していくこと」が可能になると金融庁は考えているということです。言い換えると、「地域産業・企業の生産性向上や円滑な新陳代謝の促進を図る」ことと「地方創生に貢献していくこと」を実現するため、銀行は「担保・保証に依存する融資姿勢を改め、取引先企業の事業の内容や成長可能性等を適切に評価（事業性評価）し、融資や本業支援等」を実践してください、と金融庁は銀行に要請していると受け止めるべきと思います。

　最後のセンテンス、「足元で、低金利競争や貸出残高増加の動きも見られるが、産業・企業の生産性向上に貢献するような競争を行うことが、地域経済の発展と自らの収益基盤の安定につながるものと考えられる」を読むとき、まず前段の「足元で、低金利競争や貸出残高増加の動きも見られるが」という文章に「見られる」という言葉があります。これは「見る」という動詞に、自発の助動詞「られる」がついたものです。自発の助動詞「られる」は、"ある状態は認められる"という意味で使われます。すなわち金融庁は、銀行が低金利競争や貸出残高増加のために動いていることは承知・確認しているということです。この「見られる」の後に「が」がついていますが、この「が」は接続助詞で"内容のくい違うことがらをつなぐ"という意味で使われていると読みます。したがって、「低金利競争や貸出残高増加の動き（で競争すること）」を行うことよりも、それとは違う「産業・企業の生産性向上に貢献するような競争を行う」ことのほうが、「地域経済の発展と自らの収益基盤の安定につながる」ということです。

　そして、文章の最後の「考えられる」の「られる」は、確定的事実として言い切れないけれども、考証・推測はできるという意味で使われる可能の助

動詞といえます。すなわち、金融庁は、銀行が「産業・企業の生産性向上に貢献するような競争を行うことが、地域経済の発展と自らの収益基盤の安定につながる」と信じ、考えている（＝可能）ので、銀行は低金利競争や無理な貸出残高増加の動きをするのではなく、産業・企業の生産性向上に貢献するような競争を行ってほしいということをいっていると読み取ることができます。

第5節　「金融行政の目指す姿・重点施策」から読み取ること

　前項では、使用されている助動詞の文法的意味から、文章を書いた人の意図を読み取りました。本項では、紹介した「国内で活動する金融機関」の記述内容を深読みしてみたいと思います。そこには、現在行われている銀行の貸出業務について、金融庁による指摘や考え方が読み取れます。

　以下に筆者が読み取ったことに加え、筆者の考えを併せて書いてみます。
(1)　「地域金融機関については、地域経済や地場の産業・企業の発展に貢献することが自らの経営の健全性の確保にもつながる」
〜この文章が意味することは、「地域金融機関の経営の健全性は、地域経済や地場の産業・企業の発展に貢献することによって確保できる」ということです。それでは、銀行が行う「地域経済や地場の産業・企業の発展に貢献すること」とは何かが問題になります。それを考えるときのポイントは、顧客本位で考えなければいけないということと考えます。銀行都合を優先する銀行本位の行動ではありません。貸出業務に関していえば、貸出資産の積上げや収益増強を図るため、また数的目標の達成を目的にした貸出行動をとるのではなく、第一義的には地域経済や地場の産業・企業の発展に貢献することを行いなさいということを述べています。
〜地域経済や地場の産業・企業の発展に貢献するということは、銀行が自己

都合を優先した残高や収益増大を目的にする貸出業務ではなく、真に貸出先の企業経営に資する貸出業務を行うことを意味します。それは「事業性評価に基づく融資」によって行われる貸出業務であり、個々の企業に対する「事業性評価に基づく融資」が地域経済や地場の産業・企業の発展に資するという考え方がそこにあると理解するべきです。

(2) 「顧客層のニーズを的確に捉えた商品・サービスの提供を行う」

～これは顧客本位の考え方に立ち貸出業務を遂行するということです。"貸出業務を遂行する"ということは、多くの人はこれを"資金を融通する＝金を貸すこと"と考えています。しかし、"貸出業務を遂行する"ということは、単に金を貸すことだけにとどまらず、貸出先の事業経営に資することまで含むと考えてください。すなわち、「顧客層のニーズを的確に捉えた商品・サービス」ということは、借入ニーズに応えて金を貸すことだけではなく、広い意味で貸出先の企業経営に資するさまざまなかたちで付加価値の提供を行うという考え方をとることが必要です。

～具体的には、金融経済情報・業界動向・海外進出関連情報、あるいは会計・税務・法律で経営に影響する情報等の提供を行うことも大事な貸出業務であるという認識をもつことが大事です。また、仕入先・販売先に関する顧客紹介、財務内容改善のための相談、事業承継・後継者問題・資産管理・相続対策等の問題も本部組織を利用して対応することも貸出担当者が行う仕事としてとらえるべきです。

～貸出担当者（支店長・役職者を含む）は、貸出先の企業経営に非常勤役員でかかわるという意識で臨む姿勢が必要です。貸出担当者が決算書をみるとき、資産・負債・資本のすべての勘定科目について目配りしてみなければいけません。借入金の残高だけに関心をもつのではなく、すべての勘定科目をみて、その内容と実態、そして経営の問題点を知り、解決に導くことも、貸出担当者の役割であると認識するべきです。

～資金需要が生じたときも、「資金調達ニーズを的確に捉えた商品・サービス」ということは、貸出だけで対応するのではなく、経営状況に応じて社

債発行や増資、あるいは株式公開を視野に入れたアドバイスを行うのも貸出担当者の役割です。
〜顧客本位の考え方を忘れ、顧客が望まない銀行本位・銀行都合（数的目標達成等）の考え方を優先し、「お願いベースの借入依頼」「早割り・早貸し」「貸し込み」「期末日越え短期貸出」などの"恥ずかしい行動"は慎みなさいということです。

(3) 「担保・保証に依存する融資姿勢を改め……」

〜これは無担保・無保証に切り替えるということではありません。「事業性評価に基づく融資等」では、「財務データや担保・保証に必要以上に依存することなく」と書かれています。したがって、担保や保証に依存するなということではなく、必要以上に依存する姿勢は改めなさいということです。言い換えると、銀行は自らの審査能力・貸出判断力を高めて、貸出業務においてもう少しリスクをとりなさいということです。そのためには、銀行はリスクの把握と管理、貸出審査能力の向上を図るために努力しなければいけないということを強く自覚して、具体的な対応策を講じなければいけません。

〜貸出先に対して、「信用保証協会の保証がとれたら貸す」といっている人がいます。このことは、「担保があるから貸す」という発想と同じで、質屋的な発想です。そもそも、貸出先に金を貸すか貸さないかを決めるのは銀行です。それを「信用保証協会が保証してくれるなら貸す」ということは、貸出担当者が行うべき貸出判断という本来の職務・職責を自ら放棄していることになります。

〜信用保証協会の全額保証制度は銀行が貸出リスクを負わないことであり、そのことが、銀行および貸出担当者にモラルハザードを生じさせています。それは次のような場面に現れています。

　・貸出先に対する審査を信用保証協会へ丸投げすることで、審査能力・貸出判断能力の低下を招く。
　・貸出先が倒産しても信用保証協会が代位弁済してくれるということ

で、債権管理・債権保全意識が低くなる。
・貸出残高増強・目標達成のためにはリスクが高い企業でも協会保証がつけば貸出を行う。
・リスクをとりたくないため、健全な貸出先に対しても協会保証をつける。

　信用保証協会の保証に頼る姿勢は、債権保全に資する反面、貸出担当者のレベルを落とすことにもなりかねないということを知るべきです。

(4)「取引先企業の事業の内容や成長可能性等を適切に評価（事業性評価）」
〜この文章の読み方は、適切に評価（事業性評価）するのは「事業の内容」と「成長可能性等」の二つということです。二つの言葉を結ぶ「や」は並列を表わす格助詞と理解することが適当と考えます。したがって、「取引先企業の事業の内容」と「取引先企業の成長可能性等」の二つを適切に評価することが求められています。これを「事業内容の成長可能性等」と一つにして読むことは適当ではないと思います。
〜まず、貸出先の事業の内容を評価することについてですが、これを行うためには、その会社がどのような製品・商品・サービス等について、生産・販売等を行っているかを具体的に知らなければいけません。それを知るためには、貸出先の企業概要を記す「取引先概要表」にある「業種」欄をみます。事業内容を正確に知るためには、正しい業種名が記されていなければいけません。しかし、筆者が事例研究などの研修機会にそれをみても、そこに記されている業種から具体的にどんな製品・商品を取り扱っている事業なのかわからない・読み取れないケースが多くあります。業種は、日本標準産業分類の分類項目をみて、適切なものを選ばなければいけません。これが貸出先の事業の内容を評価するためにやらなければいけない第一歩です。
〜研修で事例研究を行うときによくあるケースは、日本標準産業分類の分類項目をみないで自分勝手に思いついた業種名を書く、また、業種名を深く検討することなく安易な気持ちで「その他製造業」「その他卸売業」と書

いていることです。これでは、貸出担当者として貸出先の事業内容を正確に知らないということを自ら暴露しているようなものです。また、そのような取引先概要表がまかり通っているということは、支店長も審査部も貸出先の事業内容を正確に知らない状態で貸出判断を行っているとみられても仕方がないといえます。事業内容の成長性や将来性についての検討にも関心が薄いようでは困ります。

〜日本標準産業分類の分類項目は、大分類・中分類・小分類・細分類と分けられています。日本標準産業分類についてインターネットで検索すると、大分類と中分類では総説としての説明が記され、細分類では具体的な説明と内容例示が示されています。これをしっかりと読み、最も適切な業種名を正確に記すことが大事です。取引先概要表の業種欄には細分類名を記すことが望ましいと思います。このことができないと「事業の内容を適切に評価（事業性評価）する」ことはできません。業種分類を間違えると、事業性評価はできないばかりか、財務分析における同業種平均値との比較においても結果をミスリードすることに繋がります。

〜業種分類を正確に行ったうえで、「事業の内容を適切に評価（事業性評価）する」ということはどういうことでしょうか。その意味は、業種や製品・商品について、消費者ニーズ・生産状況・価格等の市場動向をみることと、業界の将来性・成長可能性等を検討し、総合的に評価するということと考えます。しかし、現場の貸出担当者にそこまでの検討を要求することについては事実上無理があると思います。これについては次章で触れますが、本部でサポートする仕組みを考える必要があると思います。

〜次に、「取引先企業の成長可能性等を評価する」ことについて考えてみます。筆者は、「成長可能性等」という言葉を、「成長可能性」と「等」に分けて考える必要があると思います。「成長可能性の評価」は、企業のライフステージという視点から、貸出先が創業・成長・成熟・衰退のどの段階にあるのかを知り、成長性をみることです。「等」が意味することは、経営の実態をみるということです。それは定量的・定性的な情報を分析して

評価するということです。

〜企業のライフステージを創業・成長・成熟・衰退と分けるとき、そのように分ける根拠は何かと考えなくてはいけません。その根拠となる考え方は二つあると思います。一つは、業種・業界の将来性・成長性、あるいは製品・商品のライフサイクル（導入・成長・成熟・衰退）と重ねて考えることです。もう一つは、経営力（経営手腕・後継者等）から推し量ることです。いまの経営者が退いたとき、あるいは亡くなったときの経営が心配だというケースはよくあります。この両面から「取引先企業の成長可能性等を評価する」ことが大事です。

(5) 「融資や本業支援等を通じて、」

〜この言葉は、「取引先企業の成長可能性等を評価」した後、「地域産業・企業の生産性向上や円滑な新陳代謝の促進を図る」ための手段・方法として書かれています。その手段には「融資」だけではなく、「本業支援等」もあるといっています。「本業支援等」は「本業支援」と「等」に分けて考えたいと思います。

〜「本業支援」とは、読んで字のごとく、貸出先の企業経営・事業内容の発展のために力を貸して助けることという意味です。ここでいう「本業支援」は「コンサルティング機能の発揮」と同義であると考えます。しかし、「本業（を）支援（する）」と言葉でいうことは簡単ですが、実際にこれを銀行で行うことができるかが問われます。

〜金融庁は、平成23年4月に発表した「中小企業者等に対する金融の円滑化を図るための臨時措置に関する法律に基づく金融監督に関する指針（コンサルティング機能の発揮にあたり金融機関が果たすべき役割）」において、「コンサルティング機能の発揮」について次のように書いています。

> 金融機関によるコンサルティング機能は、債務者の経営課題を把握・分析した上で、適切な助言などにより債務者自身の課題認識を深めつつ主体的な取組みを促し、同時に最適なソリューション（経営課題を解決するための方策）を提案・実行する、という形

で発揮されることが一般的であるとみられる。

　しかし、筆者は銀行が貸出先に対してコンサルティング機能を発揮することは容易なことではないと考えています。はっきりいえば、金融庁が目論む「コンサルティング機能の発揮」は、銀行にとって難題であり、その実践はむずかしいと思います。筆者が、銀行が貸出先に対してコンサルティング機能を発揮することがむずかしいと考える理由は以下のとおりです。

　① 　貸出担当者として必要な知識レベルが低い。自ら財務分析ができず、会計・税務知識は薄く、企業経営に必要な法律知識（会社法・労基法等々）も未熟である。

　② 　貸出担当者は業務多忙で時間的余裕がない。コンサルティングという仕事は、手間を惜しめば顧客満足は得られない。現場で、手間を惜しまず時間をかけて顧客満足を得るような余裕はない。

　③ 　そもそも情報の非対象性という問題を乗り越えて、貸出先の経営・事業に関する必要な情報を、銀行の貸出担当者は理解できない。

　④ 　仮にコンサルティング機能を発揮することができたとして、それにかけた時間とコストに見合う収益の保証はない。本業支援が収益に貢献することの可能性は極めて低い。

～現在、銀行が「コンサルティング機能の発揮」の実例としてあげていることは、ビジネスマッチングや商談会を開き、仕入先・販売先を紹介することや、事業に必要な不動産物件を紹介するということです。しかし、これは"紹介"であって"コンサルティング"とはいえません。紹介する場はつくりますが、「あとは当人同士でよろしくやってください」ということでは「本業支援」とはいえないと思います。

～そこで、「本業支援」の後についている「等」が大事になります。これは前記(2)の「顧客層のニーズを的確に捉えた商品・サービスの提供」を指すと考えます。具体的には、先に述べたように、金融経済情報・業界動向・海外進出関連情報、あるいは会計・税務・法律で経営に影響する情報等の提供、仕入先・販売先に関する顧客紹介、財務内容改善のための相談、事

業承継・後継者問題・資産管理・相続対策等の問題への対応などを行うことと理解します。

(6)「地域産業・企業の生産性向上や円滑な新陳代謝の促進を図り、地方創生に貢献していくことが期待される」

～ここだけを取り出した文章では意味が通じないため、この文章の全体をあらためて読んでみます。

　「担保・保証に依存する融資姿勢を改め、取引先企業の事業の内容や成長可能性等を適切に評価（事業性評価）し、融資や本業支援等を通じて、地域産業・企業の生産性向上や円滑な新陳代謝の促進を図り、地方創生に貢献していくことが期待される」。

　これについては、第4節で次のように解説しました。すなわち、「地域産業・企業の生産性向上や円滑な新陳代謝の促進を図る」ことと「地方創生に貢献していくこと」を実現するため、銀行は「担保・保証に依存する融資姿勢を改め、取引先企業の事業の内容や成長可能性等を適切に評価（事業性評価）し、融資や本業支援等」を実践してください、と金融庁は銀行に要請していると受け止めるべきと思います。

～この背景には、政府の産業競争力会議における議論があります。平成26年10月24日に開催された会合では次のような議論・発言がありましたので紹介したいと思います。

　　西村内閣府副大臣：「新陳代謝については、生産性の向上を図るという点、M&Aも含めて、1つの企業だけではなく、産業全体として再編も含めて考えていくという視点で望んでいる」。

　　「新陳代謝における地方の視点が非常に重要であり、地方もこれまでと同じようにやっていたのでは意味がないし、当然、時代の変化に合わせて変わらないといけない。（略）そうした視点で、地方の金融機関の果たす役割は非常に重要なものがあると思う。優良な企業だけに貸す、あるいは担保の有無だけで判断するのではなく、事業性を評価して、しっかりと金融機関としてのファイナンスを行っていくこと

も我々の大きなテーマの1つである」。
　　森金融庁監督局長：「銀行が財務データに必要以上に依存した1つの要因は、我々の検査にもあったのではないか。これまで立ち入り検査に行くと、金融機関の個別の資産査定を重視してきた」。
　　「事業を見るといっても、企業の状況によって取組が異なるものと思われる。例えば、企業の創業期や成長期は、むしろ銀行のローンよりもエクイティ性の資金が重要になってくるかもしれないし、……競争で必ずしもうまくいっていない企業は円滑な退出を促進することが必要だと思う」。
〜この文章を読むときは、字面だけで解釈することは適当ではありません。「産業競争力会議」および「地方産業競争力協議会」の議論、直近では平成27年6月30日に閣議決定された「「日本再興戦略」改訂2015」などの内容を知ることが大事になります。どれも、インターネットで議事録・資料・報告書をみることができますので、銀行の本部・役員は必ずその内容を理解したうえで、政策・施策を考えることが求められると思います。

(7)　「足元で、低金利競争や貸出残高増加の動きも見られるが」
〜「足元」は、身近なところという意味ですから、この文章は、金融庁は検査等の場面で、銀行が貸出残高を増やすために低金利競争を行っていることを承知していますよといっているのです。その結果、銀行の収益力は落ち、総資金利鞘・預貸金利鞘は縮小傾向にあるけれど、それでよいのですか!?という問いかけでもあります。このような行動が続くことは銀行の経営の健全性が損なわれることに繋がりますから、文章の最後に「見られる<u>が</u>」と「が」をつけています。これは、「低金利競争や貸出残高増加の動き」について、金融庁としては否定はしませんが、好ましくはないというニュアンスを感じさせる言い方のように思います。
〜そもそも、日銀の資金循環統計による部門別資金過不足のトレンドをみれば、法人部門は平成10年から資金余剰の状況になっています。このことは間接金融を取り囲む環境が大きく変化しているということです。すなわ

ち、資金余剰の主体から預金を預かり、資金不足の主体へ貸出を行う銀行の役割において、いまや法人部門は家計部門より資金余剰が大きな主体であり、法人向け貸出はマクロ的には伸びないという現実にあります。そのなかで、ボリュームを増やすために低金利で貸出競争を行うことは、真綿で自分の首を絞めていく＝経営が苦しくなる方向に向かうということを承知しているのでしょうか。

(8)「産業・企業の生産性向上に貢献するような競争を行うことが、地域経済の発展と自らの収益基盤の安定につながるものと考えられる。」

〜この文章は、(7)の「低金利競争や貸出残高増加の動きも見られるが」に続くものです。前述したとおり、内容のくい違う接続助詞「が」で続いています。この文法的意味を知ったうえで、文章全体をみてみますと、「地域経済の発展と自らの収益基盤の安定につながる」ためには、「足元で、低金利競争や貸出残高増加の動き」をするのではなく、「産業・企業の生産性向上に貢献するような競争を行うこと」が有効・大事であると読むことができます。

〜これは、銀行本位・銀行都合を優先する行動より、貸出先の企業経営・事業経営に資する行動＝顧客本位で行動することが大事であるといっているのです。すなわち、低金利競争で貸出残高を増やすことを目的にするのではなく、真に顧客ニーズに向き合い、前述したとおり、「価格競争（低金利競争）」ではなく、「価値競争」を行いなさいということです。「産業・企業の生産性向上に貢献するような競争」という文章の「競争」という言葉は「価値競争」という意味に理解するべきであると筆者は考えます。

以上、「国内で活動する金融機関」の記述内容を、筆者の考え方をもって深読みしてきました。金融庁が意図することと異なる見解があるかもしれません。大事なことは、それぞれの金融機関の経営者が真摯にこれを読み解き、自行の問題点や課題に照らし合わせて、政策・施策を考えることにあると思います。

最後に筆者自身が「国内で活動する金融機関」の記述内容を要約すると次のようになります。

　地方においては人口減少と少子高齢化の問題は深刻です。地方経済の活性化・地方創生を図るために、地域金融機関は重要な存在として、本来の役割を果たさなければいけません。低金利競争や貸出残高増強だけでは、経営の健全性は確保できません。

　「地域産業・企業の生産性向上」に関しては、銀行は融資だけではなく、本業支援等を行うことで、企業の生産性の改善・向上に協力する必要があります。ただし、生産性の向上を図ることを経営課題として掲げるのは企業自身であり、企業が生産性の向上を経営課題にして、自ら施策を考えなければ事は進みません。銀行は、生産性の向上を図るために企業が必要とする資金需要等の施策に「融資や本業支援等」で協力するということです。「地域産業・企業の生産性向上」に関して銀行はあくまで脇役であり黒子の立場という意識で協力するという認識であるべきです。

　また、「新陳代謝の促進」は、起業・創業を活性化させ、イノベーションによる新産業を創ることが主なねらいであると考えます。その動きは、半面、業界再編・衰退業界という「業界の新陳代謝」も起こります。一方、「企業の新陳代謝」というとらえ方をすると、倒産・事業転換・事業承継などの問題があります。この問題に対しても、銀行は個々の企業に対する「事業評価に基づく融資等」＝「融資や本業支援等」を真摯に考え、それを積み重ね行うことが、結果的に地域産業・企業の円滑な新陳代謝の促進を図ることの貢献に繋がると考え、そのことを実践していくことが大事です。

　低金利競争によって貸出残高の増強を図るという「銀行本位」の考え方はやめ、地域産業・企業のニーズに向き合って「融資や本業支援等」を行う「顧客本位」の考え方に転換することが、銀行経営の健全性を確保することに繋がると理解します。

　そして、筆者流の考え方を付け加えるならば、「事業評価に基づく融資等」を行う最も重要なポイントは「資金使途の検証にあり」といえます。

第2章 「事業性評価に基づく融資等」への対応

　銀行は、地域経済や地場の産業・企業の発展に貢献することが自らの経営の健全性の確保にも繋がるという認識をもち、現在行われている貸出業務について見直す必要があります。

　筆者は、現在行われている貸出業務は「事業性評価に基づく融資等」を行うことができる人と体制とはいえないと思っています。金融庁が掲げる「事業性評価に基づく融資等」を真に実践するためには、現行の貸出業務について、本部・支店において意識改革と行動改革を図らなければいけません。

　以下のその理由と筆者が考える対応策を披瀝したいと思います。

第1節　人事部対応

　支店における貸出業務を「事業性評価に基づく融資等」の考え方で進めるためには、人事部所管業務のうち次の諸点について改革・改善を図ることが必要です。

・貸出担当者の職務範囲
・指導・教育の内容
・育成・OJTの方法
・実績考課・人事評価の体系

それぞれについて説明いたします。

1　貸出担当者の職務範囲

　貸出業務を担当する者でありながら、本来の貸出業務に自分の仕事の70〜80％以上の時間を割いている人はどれだけいるでしょうか。現在、貸出業務に携わる者は、貸出業務以外のいろいろな目標を課せられ、はっきりいって

忙し過ぎて、時間に余裕がない状態に置かれていると思います。そのため、貸出先の借入申出に対する貸出判断に十分な時間を費やすことができずにいます。貸出残高の増強という目標を与えられることは当然ですが、そのほかにも債務者預金・債務者関連個人預金の獲得、法人新規件数の獲得、保証協会活用、投信販売、保険販売、外為収益増強、デリバティブ商品・EB商品の拡販、カード・リース等関連会社商品の販売等々、いろいろな目標が課せられている実態があります。これに加え、決算報告、自己査定、信用格付、本部宛て諸報告等々の仕事もあります。

　これでは、「事業性評価に基づく融資等」を確実に行うために必要十分な時間的余裕はありません。上記のようにさまざまな目標を与えられたなか、貸出判断を行うための実態把握や業界動向調査を行い、さらに貸出先のコンサルティングまで行えという要求は酷であると思います。このような状況下では、貸出業務に必要な知識を学ぶ勉強時間もとれません。もともと、貸出業務に必要な知識も未熟な者にこのような目標管理を課すことは、本来の貸出業務を真っ当に経験させ、レベルアップさせる時間を奪うことになっています。

　銀行は、時間を生み出す対策としてコンピュータに決算分析や取引先概要表の自動作成を行わせるようにしましたが、その結果は担当者自らがこれを行わなくなり基本的能力の低下を招きました。また、コンピュータ審査やスコアリング貸出の導入は貸出判断力の低下を招きました。また、貸出事務を別組織にすることで営業・渉外・外訪の負担を減らすと考えたことで、事務管理・法律に疎い貸出担当者が増えました。"便利は人間を不幸にする"といいますが、まさに効率化・合理化を図る意図が不幸にも貸出担当者のレベル低下を招いたといえます。

　そこで、「事業性評価に基づく融資等」を行うためには、貸出担当者には貸出業務に専任できる体制にすることが重要であると考えます。いまのように、いろいろな業務目標を課せられたなかでは、貸出業務に精通する人材は育ちません。そのことは、部下や後輩に貸出業務の真髄を教える先輩・上司

がいなくなることを意味し、中長期的にみると銀行全体の貸出業務のレベル低下を招き、経済社会における銀行の地位・信用力が落ちることに繋がる重大な問題であるということに気づくべきです。

　筆者は、貸出業務に専従させるべき（貸出業務以外は担当させない）とはいいません。ただし、いまのようにいろいろな業務目標を課せられている実態で、複数兼任という状態を解消し、専任にしてあげるべきという考えです。専従は他の業務を兼任することは認めないことをいいますが、専任は専ら貸出業務を担当するけれど、専任業務＝貸出業務に支障がなければ他の業務の兼任を妨げないという意味です。

　貸出業務の担当者には、職務範囲をまず貸出業務に専任とすることが肝心です。貸出業務に専任で向き合うことにより貸出業務の基本を学び、基礎をしっかり築き、経験を重ね、真っ当な考え方の貸出業務を行う環境づくりから始めるべきだと考えます。貸出業務に専念できていない体制が、貸出業務の人材育成の遅れになっていると考えられます。

2　指導・教育の内容

　筆者は、本書の「プロローグ」において、次のように書きました。
　「自動車運転免許の取得に置き換えて考えると、貸出業務を遂行するに必要な基礎的知識が足りないことは学科試験で不合格である状態であり、貸出業務の基本原則を遵守せず、無茶で無謀な貸出を行うことは、運転技能試験で不合格となる状態といえます」。
　「部下が貸出業務に関して無免許と等しい状態であることを知りながら、同業務を担当させ、数字競争に走らせている役員・支店長は「無免許運転の教唆犯」に似ているように感じますが、いかがでしょうか」。
　銀行は貸出業務に携わらせる者に、無免許の状態で車を運転させるようなことを行わせてはいけません。いきなり、営業・渉外の係に就かせ、数的目標を貼り付けることはやめるべきです。まずは自動車教習所で所要な必要時間をかけて指導・教育を行うように、銀行も研修を行わなければいけませ

ん。

　それは貸出事務を学ばせることから始めることがよいと考えます。貸出事務を経験しないで営業・渉外に出された担当者の多くは、銀行取引約定書の条文を説明できない、契約書を読まない、事務の背景にある法律を知らない、等々、貸出業務に必要な法律知識を備えているとはいえないレベルです。いわゆる、学科試験に合格していない「無免許」の者に公道を運転させている実態があります。

　貸出業務の営業・渉外に就かせる者には、必ず貸出事務を学ばせるというローテーションにする必要があります。そこで、貸出業務を行ううえで必要となる最低限の法律知識を学ばせることが必要です。公道を運転する場合、守らなければいけない、知っておかなければいけない法的ルールを身に付けていなければいけません。貸出業務を遂行するときも同様に必要最低限の法律・規定を知っていなければいけません。

　貸出業務を正しく遂行するには、「適正な判断」と「適正な事務」が、車の両輪のごとく回ることが必要です。貸出事務の疎漏はトラブルの原因になり、場合によっては大きな損失を招くことになります。

　そして、もう一つ、指導・教育の内容に加えてほしいことは、道徳・倫理についてです。某地方銀行の支店長研修において、筆者が貸出業務として恥ずかしい行為（「早割り・早貸し」「貸し込み」「期末日越え短期貸出」）について触れたところ、「法律に違反していないから問題ない」という発言に接しました。部下を指導する立場の支店長が、法律に抵触していなければ何をしてもよいと考えているということに筆者は大変驚きました。これはコンプライアンスを経営の重要課題としている銀行において大きな問題です。

　元金融庁長官の五味廣文氏は次のようにいっています。

　　　　「やって良いことと悪いことが法律に書いていなくても、取引を行う当事者が社会通念上の判断でケースに応じて判定できると……」「一律のやり方がないから何をやってもよいかというとそうではなくて、その場面に適したただ一つのやり方を的確に選択

して実行してもらうことが必要なわけですね。それは法律では書けないです。書こうとしたら全部禁止するしかない。そういう自己規律で金融に携わる者の倫理規範からして行うべきことは確実に行う。あるいは行ってはいけないことは法律違反でなくても行わない、法律の義務付けの有無や禁止の有無と関係なくそうした判断ができるという、こういう状態を確保していくと市場の自由というのが確保できる」。

（西村高等法務研究所叢書④『金融危機の教訓』（商事法務）105〜106頁から抜粋：下線は筆者）

　貸出業務に就く者は、「法律は最低の道徳である」という言葉を知るべきです。法律は成文化されたもので人間の外面的行為を規律します。道徳は成文化されたものはありませんが、人間の良心に対し内面的な規律を求めます。五味氏がいっていることは、法律だけで解決することができないことは、人間のモラル、良識、理性＝道徳が大事であるということではないでしょうか。貸出業務に携わる者には、道徳を身に付けて業務に携わることが求められますので、そのことを指導・教育に付け加えることが必要です。

　さらに申し上げれば、コンプライアンスを経営の重要課題に掲げているならば、バーゼル銀行監督委員会の「コンプライアンスおよび銀行のコンプライアンス機能」で書かれている次の文章も知らなければいけません。「銀行は、業務の遂行に際して自らに高い基準を課し、法律の文言のみならずその精神を遵守するよう常に努力すべきである。自らの行動が株主、顧客、職員および市場に与える影響を考慮することを怠れば、何ら法律違反は犯していないとしても、非常に不利なかたちで取り沙汰されて評判に傷がつくかもしれない」（下線は筆者）。

　貸出業務に関する実務的知識を指導・教育する前に、貸出担当者として必要な道徳倫理観について指導・教育する機会をつくることが大事だと考えます。

3　育成・OJTの方法

　人材の育成について尋ねれば、どこの銀行でも"やっている"と答えると思います。まず最初に筆者が問いたいことは、育成の方法や手段ではなく、どのような考え方のもとで、どういう方向に向かわせて育成しているかという「育成の思想」を尋ねたいのです。

　おそらく、多くの銀行で行っている人材育成は、早期戦力化を目指した研修体系とOJTをあげると思います。その考え方は"業績上の成果をあげるため"ということに重点が置かれているのではないでしょうか。それは、目標管理制度を人事評価の尺度として利用し、成果主義の評価体系のなかで"目標達成に向けて頑張る人"を育成することが根本思想にあると思います。筆者が考えるに、そのようにして育成された者は、外発的動機付け＝インセンティブで動く人材になっていくように思います。

　筆者が考える人材育成の思想は、「質を第一とする人材育成」です。

　銀行における人材育成は、業務遂行に必要な知識を身に付けるだけでなく、人間としての質～それは人格であり品性といわれるものを高めることも重要であるという考え方に基づき行われるべきと考えます。

　筆者はその考え方につき、『銀行ルネサンス』で次のように書きました。少し長くなりますが同書より引用して紹介します。

　　　　　銀行員の知識と業務遂行には"信用と信頼の質"が必要であるとの考え方から、モノづくりの会社において使われている「品質」と同じ意味で、銀行には「信質」という考え方が必要であるということです。

　　　　　銀行における人材育成は、業務遂行に必要な知識を身に付けるだけでなく、人間としての質～それは人格であり品性といわれるものを高めることも重要であるということから「信質教育」ということで考えてみたいと思います。

　　　　　メーカーが自社の製品に関して「品質管理」「品質保証」を行

うように、銀行も"人の質""業務内容の質"について「信質保証」「信質管理」を意識しなければいけません。この考え方からすれば、筆者は人材育成の本質は"人の質"（信質保証）と"業務の質"（信質管理）の両方を目的としなければいけないという考え方をもっています。

"人の質"（信質保証）は、免許制の銀行業務を行うに相応しい必要知識および専門知識を備えた人づくりであり、"業務の質"（信質管理）は道徳倫理観をもち、正しい考え方と論理的思考に基づき、真に「顧客第一」「顧客満足」の業務を行うことを意味します。この両方を満足する人材を育成することが重要です。すなわち、質を第一とする人材育成でなければいけません。

業務に必要な知識を伝授するだけの研修ではダメです。数字づくりのノウハウを教えるOJTではダメです。知識やノウハウを教えるだけでは人材として長持ちしません。それは短期間とりあえず銀行に役立ちますが、それだけで終わります。

筆者が考える人材育成の本質は、質的経営に資する人材の養成にあります。銀行業務を遂行する人の質的レベルと業務内容の質的レベルが銀行の健全経営につながります。また、人と業務の質＝「信質」こそが顧客と銀行の共通概念となりうると考えます。「質を第一に考える」とは、質の良さを第一に据えることであり、それは顧客の要求を満たすことを意味することであり、「顧客第一」「顧客満足」を実践する教育と換言できます。

銀行経営者は、質を正しく理解し、質第一で業務を遂行できる人材を育成しなければいけません。すなわち、質を第一とする「人財」こそ、銀行経営にとって重要な「資産」であり「経営資源」であることを認識する必要があります。「人材」を「人財」にすることが銀行の発展につながるのです。

（同書194～196頁）

すなわち、人材育成を図る思想は、即戦力をつくることではなく、「信質」を備える人材をつくることという考えです。「信質」を備えた人材は、外発的動機付け＝インセンティブで動くことより、内発的動機付け＝仕事を行うことにおもしろさ、喜び、自らの成長を感じ、貸出業務を遂行することに生きがい・やりがいを見出す人材になると思います。
　そして、そのような人材の育成を図るために重要なのは、支店におけるOJTです。これも形式的には"やっている"ことになっているようですが、実態は本来のOJTとはいえないもののようです。筆者は『銀行ルネサンス』で次のように書きました。

　　　　多くの銀行におけるOJTの実態は、役員が毎期初に行われる支店長会議においてOJTの重要性を説いても、現場ではそれが真剣に実践されません。その理由として3つのことが考えられます。一つは、OJT教育に関して具体的目標を明示していないこと（～数値目標が示されないと何をやったらよいかわからない）、二つ目はOJT教育に関する具体的手法を示していないこと（～言われれば言われたとおりやるが、言われなければどのように行えばよいかわからない）、三つ目は、結局は業績の成果が評価され優劣をつけられる（～OJTを行っても評価されない）ことで、OJT教育は後回しになっているということです。
　　　　役員も、OJT教育は大事であるといいながらも、それをフォローすることはせず、実態は現場任せの放ったらかし状態であることから、現場も真剣に取り組んでいないようです。その結果、新人や若手が立派に育つか育たないかは、本人の資質と努力次第という成り行き任せになっているのが実態ではないでしょうか。要するに、OJT教育に関して、銀行は組織全体で「有言不実行」であるということです。
　　　（同書186頁）

　OJT教育を行う場合、注意するべきことは、"その人にOJT教育を任せて

よいのか"ということです。よき指導者とはいえない人にOJT教育を任せると、間違った方向へ導くことになりかねません。

　残念ながら、現場では業績をあげるために、正しくない考え方やコンプライアンスに抵触するような恥ずかしい行為が行われている現実があります。支店長・管理職者が若手行員に教えていることは、道徳的倫理観やコンプライアンスの重要性より、目標達成が大事であり、いわれたとおりにやることを教えることを優先しているように思います。そのような人たちにOJT教育を任せることは、人材を人罪におとしめる懸念があります。本当に大事なことは、人材を人財にするOJT教育が必要なのです。そのためには、間違った考え方をもっている支店長等管理職者を、指導者として相応しい考え方をもつように再教育する必要があると思います。現場におけるOJT教育を有効にするために、支店長・管理職者に対する再教育を行うことが重要になります。それには、筆者の『「重職心得箇条」に学ぶ銀行支店長の心得』（金融財政事情研究会）が参考になると思います。

　人事部は、貸出業務を真っ当に行う＝「事業性評価に基づく融資等」を行う人材の育成とOJTの方法について、あらためて考え直すことが必要かと思います。

4　実績考課・人事評価の体系

　成果主義の考え方で貸出業務の実績を公正に測ることには無理があります。筆者は、貸出業務に関して、目標管理制度における数的実績を相対評価する人事考課は公正なやり方とはいえないと考えています。このことは、言い換えると、貸出業務の実績考課が数的実績を重視する成果主義であることが、貸出業務の本質を忘れた数字競争を招く要因になっているといえます。

　成果主義のもと、数的実績を重視する実績考課・人事評価の体系は公平とはいえない理由を以下に掲げます。

　　① 数的実績の成果が高い順に、評価が高いと並べるとしても、正規分布するとは限りません。全員が目標を達成した場合、あるいは全員が

目標に未達であった場合、正規分布という考え方で優劣順位をつけることは困難です。
② 実績数値がまったく同じであっても、貸出業務を取り囲むさまざまな環境要因（担当地域の経済状況や支店内のモラル・上下関係等）や偶然性（運）、また顧客構成等が異なれば、努力・能力が同じとは限りません。
③ 目標管理制度は本来、人事考課を行うために作成するものではありません。それを、実績を測る材料・尺度にして、目標数値への達成率で優劣を測るため、目標数値を設定する段階から、引き受ける目標数値を低く抑えるように謀る者が出てきて、"正直者が損をする"という場面がみられます。そもそも、支店に課せられた目標数値（個人に割り振られる前の数字）が妥当であるとは限りません。
④ 目標管理制度においては、貸出業務の質を問われる仕事は数値化できていません。恥ずかしい行為や顧客からクレーム等があり、銀行の信用を落とすようなことがあっても、数的結果がよければ評価される仕組みでは、実績を出すために道徳倫理観を欠く行為があってもかまわないと考える者が出てきます。
⑤ 貸出業務の成果を半期という期間で区切って評価していますが、半年間で担当者個人の努力が成果として結果を出すとは限りません。また、努力と成果は正比例するとは限りません。貸出業務の成果は、半年後、1年後に現れることもあります。

現在行われている実績考課・人事評価の実態は、数的成果をあげた者の評価を高いとする成果主義の考え方ですが、数的成果をあげた者＝能力が高いとは言い切れません。貸出業務を遂行するに必要な知識水準が低くても、お願いベースで頼み込み、数字を伸ばせば評価されるということでよいのでしょうか。リスクを隠して数字を伸ばし、資金使途も検証しないで貸出を行い、必要金額以上に貸し込みして、それを実績として評価したが、翌期以降に貸出内容に問題が生じても（資金使途の流用、延滞の発生、粉飾の発覚等）、

前期の実績評価が取り消されない現状では、期末近く・転勤が近い者が無理をする傾向もみられます。

実績考課・人事評価の本来の目的は、数字で実績・成果を評価することではなく、業務遂行能力に重点を置くべきかと考えます。

西郷隆盛は『西郷南洲遺訓』で次のようにいっています。

> 何程國家に勳勞有る共、其職に任へぬ人を官職を以て賞するは善からぬことの第一也。官は其人を選びて之を授け、功有る者には俸禄を以て賞し……（以下略）

（山田済斎編『西郷南洲遺訓』岩波文庫 5 頁）

これは、"いかに国家に功労があったとしても、その職を担えない人に地位を与えてはならない。地位はそれに相応しい見識をもつ人に与えるべきで、功労には報償で報いるべきである"といっています。このことは、数字で銀行の業績に寄与した者には賞与等で報い、管理職は業務遂行能力の高い人に与えるという考え方が原点にあるように思います。

「事業性評価に基づく融資等」を行うことができる人を育成するためには、数字で成果を測る現行の実績考課・人事評価の体系を見直し、事業性評価を行うことができる能力を評価する体制に変えなければ、いままでどおりモラルなき数字競争の貸出が続くことになると思います。

金融庁が掲げる「事業性評価に基づく融資等」を真に実践するためには、貸出業務の実績・成果を測る現行の尺度を見直すとともに、業務能力や信用力などの「信質」を評価する新たな考え方を取り入れることを考えていただきたいと思います。

第 2 節 　審査部対応

いまや、審査部の審査能力レベルも優れているとはいえない状況かと思います。なぜならば、審査部に行く（異動する）前に支店で行っていた貸出業務自体が、資金使途の検証を含め、十分な審査・判断を行っていたとはいえ

ないからです。

　もちろん、審査部に行ったことで、稟議書を審査する経験を積み、そのレベルはアップすると思います。しかしながら、支店長から「貸出が伸びないのは審査部が細かいことをうるさくいうからだ」といわれる力関係が働き、甘い判断になっている事例も多くみられます。

　筆者は、「審査部が銀行の良心であるべき」という考えをもっています。銀行が「事業性評価に基づく融資等」を行うためには、審査部もその役割を見直す必要があると思います。それは次の諸点について改革・改善を図る必要があると考えます。

　　　・審査部の役割
　　　・支店に対する指導
　　　・トレーニー制度

1　審査部の役割

　審査部の審査能力のレベル低下、審査技術のノウハウ喪失は、企業取引におけるリスク管理能力が失われることに繋がります。銀行はバブル時代の不良債権の処理問題を乗り越えてきましたが、いまの時代においても少なからず不良債権を抱えています。デフレ経済から脱却するシナリオにおいて、「事業性評価に基づく融資等」を行うためには、審査部も自らの役割を見直さなければいけません。

　前述したように、資金循環分析において法人部門は資金余剰になっています。主たる貸出の対象先であった法人が資金余剰になっているなか、審査部はいまの時代に求められる新しい審査部のあり方を考えなければいけません。

　一昔前の審査部は、リスクを発見し、リスク内容・リスク対応によって貸出する際に条件をつけたり、場合によっては貸出案件を否認することが経営の健全性を確保することに繋がるという意識がありました。いま、法人部門が資金余剰にある状況になったことを意識するならば、審査部といえどもリ

スク発見だけに終わらず、リスクテイクする方法までを考える審査部に変身することが求められています。それは、リスクを発見してブレーキを踏むだけの審査部ではなく、ブレーキを踏む役割は残しながら、ブレーキを踏まずに企業取引を継続し、企業経営に資する銀行の役割を考える審査部へ変身する必要があると考えます。

　このことは、金融庁が「金融処分庁」といわれていた時代から「金融育成庁」に変身することと流れを一にする考え方に通じると思います。

　それは、少ない借入需要をいかにして採り上げることができるか、リスクテイクするためにどうしたらよいか、という知恵比べがこれからの銀行間の競争力の差になると考えるからです。資金需要があるにもかかわらず、リスクがあるからという理由で否決するのでは"審査力がある"とはいえない時代になったということを認識する必要があります。

　重要なことは、どのような条件であれば貸出ができるかという見解＝「一段上の審査力」が問われると思います。それは、貸出先の事業経営にかかわる資金繰り上に関するソリューション（問題解決力）とリスクテイクのノウハウであると考えます。

　そこに、財務データや担保・保証に必要以上に依存することなく、借り手企業の事業の内容や成長可能性などを適切に評価する「事業性評価」という考え方が出てきます。審査部はこの考え方を積極的に進め、さまざまなノウハウを蓄積し、支店に好事例を紹介し、銀行全体で「事業性評価に基づく融資等」という考え方を徹底させる役目が求められます。

2　支店に対する指導

　審査部は、支店からあがってくる稟議書を読み、貸出案件の審査を行うだけではなく、その過程を通じ・利用して、支店の貸出業務を指導することも重要な役割であると考えるべきです。いやしくも、支店を見下す態度をもって、若手担当者が怯えるような厳しい言い方をすることは好ましくありません。

そして、審査部（本部）にいるだけでなく、担当する支店・ブロックに出かけて、担当者と会い、現場で直接指導する機会をもつことも必要です。それは、支店長権限で行っている裁量（専決）貸出といわれる貸出先に対して審査部担当者が意見をいうことで、実質的なダブルチェック機能を働かせるとともに、支店長・担当者に対する指導・教育を行うことにもなります。

　ただし、注意すべきことは、審査部担当者がいう意見は、支店長判断を覆すものではありません。裁量（専決）貸出の専決権限は経営から支店長に与えられたもので、審査部担当者がそれを侵すことはできません。しかし、支店長がどのような考え方で裁量（専決）貸出を行っているかということはわかりますので、支店長の貸出業務遂行姿勢や判断力レベルをみた報告を審査部長を通して、経営へ伝えることもできます。このことは、数字至上主義で無理な裁量（専決）貸出を行うことを牽制することの効果に繋がります。

　また、支店・ブロックに出かけて勉強会を主宰することも有効かと思います。支店で行われるOJT教育が形骸化していたり、OJT教育を行う適当な人材がいない場合、審査部の担当者がそれを行うことも一つの方法と考えられます。

　筆者が在籍していた旧三菱銀行では、融資部内に裁量臨店チームがあり、数人のグループが支店長権限の貸出業務の実態をチェックしていました。また、某地銀では審査部の者が支店に出かけて「審査部出前研修」を行っているという実例もあります。

3　トレーニー制度

　審査部は、個別稟議書の案件審査を通じて自らの審査レベルのアップを図るだけではなく、支店に対する指導も通して、銀行全体の審査力の向上を図ることを役割として考える必要があります。その一つとして、審査部がトレーニーを受け入れる制度が考えられます。

　新人配属店で初めて貸出業務に携わる者、あるいは2場所目の支店で貸出業務の中核を担ってもらう者などを対象者にして、週1日・期間3カ月程度

(あくまで目処)、審査部へトレーニーとして派遣する制度です。その主たるねらいは、審査ラインの者が審査を行うに必要な下請け的仕事を行いながら、審査部が行っている審査の仕事を知ってもらうことです。同時に、審査部における貸出審査の考え方に触れさせ、そこで経験し学んだことを支店にフィードバックさせることです。

支店のOJTでは、どちらかといえば業務推進的(目標数値を達成することを重視するアクセル的)考え方から入りがちですが、週1日審査部に行くことで、審査部の人とコミュニケーションを図り、審査部アレルギーを払拭させ、リスク発見や資金使途を重要視するブレーキ的な考え方にも触れさせることで、貸出判断のバランス感覚を身に付けさせたいという考え方です。

もう一つは、新任支店長として発令するとき、着任する前に1～2週間程度の期間を審査部に行くという制度です。

支店長は赴任する支店の貸出先の経営者から信頼されることが第一であると考えるとき、稟議貸出先に対する審査部の目＝企業取引の良心として審査部が冷静に企業診断している貸出先の内容を再確認してもらい、審査部の見解をあらかじめ知り、意見のすり合わせを行うことは有用かと思います。

また、支店では裁量(専決)貸出先を含めて既存貸出債権の劣化にも注意をしながら貸出運営を行わなければいけません。そこで「守りの貸出」も重要になるため、その勉強も審査部で学ぶことは有用かと考えます。

支店収益の柱である貸出業務を真っ当に行うことが、支店の健全経営に繋がります。数字至上主義に走り、収益拡大のために無理な貸出を行うと、経営の健全性が損なわれるだけでなく、部下の育成に悪影響を与え、地域・顧客から信頼を失うことにもなります。

支店長に昇格するまでの経験において、貸出業務の経験が浅い、乏しい人を支店長に登用する場合、短期間でも審査部で学ぶことは大事であると考えます。

第3節 産業調査等

　調査部という組織をもつ地域金融機関は少ないと思います。調査部、あるいは関係企業として経済研究所があるにしても、審査部とコラボレーションする機能は持ち合わせていないと思います。

　財務データや担保・保証に必要以上に依存することなく、借り手企業の事業の内容や成長可能性などを適切に評価する「事業性評価に基づく融資等」を行うためには、産業調査を行うことや業界動向・業種別審査を行う必要があります。

1　産業調査を行う

　産業調査を行う本部組織として新たな部署を設置することがむずかしい場合でも、企業の事業の内容や成長可能性を検討する専門の担当者を置くことが必要になると思います。

　ここでは、筆者が勤務していた旧三菱銀行で行っていた二つのやり方を紹介したいと思います。

　一つは、新たな貸出を行うことで、その企業に対する貸出金額が一定金額（○億円）以上になる場合、審査部だけでは決裁できない仕組みがありました。貸出金額が一定金額（○億円）以上になると見込まれる状態になったとき、貸出先担当者は当該企業に対する"企業調査"を調査部に依頼しなければいけません。調査部の担当部署（企業調査・産業調査）は、当該企業の業種・業界の動向、製品・商品・技術等における市場競争力、また同業他社との比較等々の切り口で、当該企業の成長性と将来性に関するレポートを書き、審査部へ回します。審査部は主として財務内容や担保等の安全性、資金使途を中心に審査を行いますが、調査部のレポートを参考にして最終的な貸出判断を行います。いわゆる、審査部と調査部によるダブルチェックを行わなければいけない体制が規定として定められていました。

　もう一つは、貸出金額は大きくなくても、財務内容や担保の有無だけで判

断がむずかしいと思われる場合、審査部のなかに、貸出稟議書を審査するラインとは別に"産業調査を行うライン"があり、そこを活用するようになっていました。たとえば、ベンチャーといわれる企業は創業からの年数が浅く、不動産等の資産もなく、財務内容もよいとはいえない状態ですが、そういう企業から借入申出がある場合、ベンチャー事業の内容や特性を調べ、同業他社等からヒアリングを行うなどして事業の将来性について調査レポートを書き、それを審査ラインに提供する役割を担っていました。ベンチャー企業に限らず、珍しい事業内容や初めてみるような業種という場合も、市場規模や業界内地位等を知るべく、"産業調査を行うライン"に調査を依頼していました。

　企業の事業の内容や成長可能性などを適切に評価する「事業性評価に基づく融資等」を行うためには、このような仕組みを整える必要があります。これを支店の貸出担当者に行わせることは前述したとおりの忙しさのなか、困難であることは自明です。したがって、銀行の組織・仕組みとしてなんらかの解決策を講じることが求められると思います。

2　業界動向・業種別審査を行う

　産業調査を行うことの必要性については、前記に記しましたが、このような組織の対応が困難な場合、支店の現場でこれを行うよう努めなくてはいけないかと思います。それには限界があると思いますが、以下の方法で貸出担当者としてできることは行わなければいけません。

　その方法・手段として、インターネットと『業種別審査事典』（金融財政事情研究会）の利用があります。

(1)　インターネットの利用

　いちばん便利なのは、インターネットを利用して調べることかと思います。しかしながら、支店・審査部において、一人1台のPCが設置されていない、あるいは銀行のPCからインターネットにアクセスすることができないという地域金融機関があります。これでは企業の事業の内容や成長可能性

などを適切に評価するために必要な情報を得ることはできません。そのため、個人保有のスマートフォンを利用しているという話も聞きます。これでは困ります。

　インターネットが繋がる前提で話を続けます。筆者が、事例研究の研修を依頼されたとき、どのような調べ方を行っているかを参考にしていただければと思います。

〈地域経済情報〉
- 財務省地方財務局のHP
「管内経済情勢報告」「法人企業統計調査」「法人企業景気予測調査」「経済調査レポート」
- 経済産業省地方経済産業局のHP
「管内経済概況」「地域経済産業調査」「産業別動向」
- 日本銀行・支店のHP
「地域金融経済概況」「短観：概要、業種別計数」「統計：貸出約定平均金利」「実質預金貸出動向」「調査レポート」
- 地方自治体（道府県・市町）のHP
「統計調査」：「事業所企業統計調査」「商業」「工業統計調査」
「産業経済」：「地域産業振興策」「起業・創業支援策」「中小企業対策」

〈業界・業種等〉
- 総務省のHP
「日本標準産業分類」の説明および内容例示で業種を確認
- 業界団体のHP
○○工業組合連合会、（一社）○○連盟、（一社）○○協会、等
- 関係省庁のHP
厚生労働省統計情報、総務省統計局、国土交通省主要建材資材需要予測、等
- 商品・製品の価格動向
鋼材価格、ガソリン灯油価格、水産物流通価格、等

インターネットを利用するとあらゆる情報を調べることができます。それでも満足する必要情報が探せない場合があります。その場合は、筆者は専門紙・業界紙から情報を得るようにしています。

　先般、某地銀から依頼され、「カズノコ製造業者」に対する貸出先を対象にした事例研究を行いました。その際、カズノコの市場規模とその推移、販売価格の推移、業界の動向、製造業者数の推移等の情報はインターネットから十分に得られませんでした。そこで、「水産経済新聞」を発行している株式会社水産経済新聞社のカズノコ担当者のところへ行き、多くの情報をいただくことができました。貸出担当者あるいは審査部の審査担当者も、このようにして業界動向を調べる努力が必要です。

(2)　『業種別審査事典』の利用

　貸出案件の審査を行うとき、財務内容をみる場合に業種別の特徴を知っておかなければいけないことがあります。

　たとえば、建設業の貸借対照表に記されている勘定科目は一般企業のそれとは違います。完成工事未収入金は売掛金、未成工事支出金は棚卸資産、工事未払金は買掛金、未成工事受入金は前受金～というように建設簿記科目は商業簿記科目と異なります。

　また、飲食店の業績をみるとき、経常利益は黒字を確保しているから問題ないという見方だけではいけません。飲食業界の場合は、損益計算書の経常利益が黒字であることで安心してはいけません。業界特有の「FL比率」という指標をみることが重要です。「FL比率」の「F」とはFoodのことであり、「L」とはLaborのことで、F＝原材料費、L＝人件費を表わしています。そして、「FL比率」とは、"(原材料費＋人件費)÷売上高"の式で計算します。その「FL比率」が65～70％になると経営的には厳しい状況であり、70％を超えると経営が成り立たないといわれています。経常利益が黒字だからといって正常先とはいえません。

　このように、貸出審査においては業種の特性を踏まえたうえで事業性評価を行う必要があります。

業界動向を知り、業種別審査を行ううえで、一般社団法人金融財政事情研究会が発行している『業種別審査事典』は非常に役に立ちます。

　現在の『業種別審査事典』(第13次)は、収録業種が約1,470業種あり、それぞれの業種の理解(業界の特色・市場規模等)、業界の動向(需給動向・課題と展望)、業務内容・特性(製品の種類・製造工程・流通経路等)、審査のポイント(取引形態と条件・資金需要・財務諸表の見方等)、取引推進上のポイント、関連法規制・制度融資等、業界団体まで記されています。

　貸出担当者にとっては大変便利で使い勝手がよい参考資料になると思います。筆者は、事例研究を行う際には必ずこれを使います。

　『業種別審査事典』は多くの地域金融機関で導入(注)されていますが、支店の貸出担当者がこれを十分に活用しているとは思えません。審査部はもとより、支店の貸出担当者は、貸出先の業種を正確に把握したうえで、この『業種別審査事典』を必ず使うという習慣を身に付けることが求められます。

　企業の事業の内容や成長可能性などを適切に評価する「事業性評価」を行うためには、産業調査を行うことや業界動向・業種別審査を行うことが不可欠です。銀行は、そのための仕組みづくりや、貸出担当者にこれを行う習慣をつけさせるべく、現行の貸出業務のやり方を見直し、改革・改善を図り、指導・教育を行わなければいけません。

(注)　書籍版・社内ネットワーク用データ版・DVD-ROM版

■約1,470業種を収録する『業種別審査事典』は、業界・業種動向の把握、個別企業との取引の手引きとして活用されている、ビジネスエンサイクロペディア。

第 II 編

貸出業務の王道

銀行にとって貸出業務は、貸借対照表における資産の半分以上を占め、損益計算書においても大きなウエイトを占めています。貸出業務は銀行の収益の根幹をなす中心業務です。この貸出業務が硬直化して安定的な収益を生まなくなる状況に陥ると、銀行自体の存続さえ危うくなります。そのことは不良債権問題を経験したことからも明らかです。
　銀行は私企業として収益をあげる一方、公共的使命を勘案した行動も求められています。貸出業務においては、単に量的拡大を図るだけではなく、その資産は健全でなければいけません。真っ当な貸出業務が銀行の健全な資産を増やし、銀行に安定的な収益をもたらしてくれるのです。
　不良債権問題の反省のうえに立ち、真っ当な貸出業務はいかにあるべきかをご説明しましょう。

第1章　貸出業務の本質

第1節　事例紹介

　S支店に、融資部で貸出審査を担当していた支店長が着任しました。新支店長はS支店の既存貸出業務に関し、新たな視点で見直し、担当者に対していろいろな指示や指導を行いました。当初は新支店長から出される指示に面食らっていた貸出担当者たちも、新支店長から貸出業務に携わる姿勢について基本から学び直し、「王道」ともいえる考え方を教えてもらいました。そのことは、時が経つとともに、貸出担当者個々人にとって自信と誇りになってきたようです。

〈場面1〉

> 支店長：葉山君、この会社に貸している1億円は期日に回収するように。
> 葉　山：え、どうしてですか。
> 支店長：そもそも、この会社は金がいらない会社ではないか。貸借対照表をみると逆収支で経常運転資金は不要なのに、なぜ運転資金として1億円も貸しているのか。
> 葉　山：でも回収したら、今期の貸出増加目標の達成はできませんよ。
> 支店長：逆に葉山君に聞くが、金がいらない会社になぜ、金を貸す必要があるのだ。
> 葉　山：それは……。本部から貸出の増加目標が来ているからです。
> 支店長：目標達成のために不必要な貸出を行ってはいけない。それでは貸出業務の本質を見失っていることになる。
> 　　　　目標の達成は大切なことだ。しかし、貸出業務の本来の目的は、取引先の発展や事業計画の遂行上必要な資金を貸し出すこと

によってお客さまのために役立ち、銀行も健全な貸出資産を伸ばすことができることにある。その積上げの努力の成果が目標達成に繋がるものだ。目標達成のための数字作りに不要な貸出を行うのでは、本末転倒だ。

葉　山：お言葉ですが、この貸出を実行することでこの会社の新規取引がとれたんですよ。それに、2年間も貸しているのに、「返せ」とはとてもいえません。

支店長：この会社にとってこの借入れは必要だったのか。そもそも、この会社はこの金を何に使っているのだ。

葉　山：この金は、会長が絵を買うのに使いました。「会社の運転資金のほうは足りているが、買いたい絵があるのでその購入代金を貸してくれないか」といわれて、それに応ずる貸出を行ったことで新規に取引が始まったのです。

支店長：では、この借入金で買った絵はどれだかわかっているのか。

葉　山：廊下に飾ってある絵だと聞いています……。

支店長：あれが1億円もする絵だろうか。1億円もする絵ならば相当著名な画家が描いたと思うが、その画家は美術年鑑に記載されているような人か。

葉　山：作者名までは知りません。

支店長：絵の大きさが何号くらいかがわかれば、1億円の購入価格から、「号当たりいくら」ということで、美術年鑑で画家が絞れる。その作者かどうかで、先方がいっていることの裏付けがとれるぞ。

葉　山：はあ。

支店長：では、貸借対照表に資産（備品）で1億円が計上されていることは確認したか(注)。

葉　山：いや、まだ。

支店長：2年前に買ったのなら、前期決算書で確認できるはずだ。貸出

を実行したら、資金のトレースをきちんとしなければいけない。
　　　絵を買ったというなら、現物と決算書で確認がとれるはずだ。
　　　しっかりチェックしておくこと。いいね。
葉　山：はい、わかりました。
支店長：もともと自宅にあった絵を会社へもってきて廊下に飾って、本当は借りた1億円は別なことに使ったかもしれないぞ。ところで、この1億円の貸出は期間1年の期限一括返済としているが、実態は1年ごとに継続している。今度、返済を求めたら絵画を売却した代金で返済してくれるのか。
葉　山：さあ、わかりません。
支店長：ということは、この貸出金は貸しっ放しで、いつ返済されるかわからないということか。葉山君、いいか。貸出業務は金を貸すだけが仕事じゃない。貸した金が回収されるまでが仕事だぞ。それに、本当に絵の購入に使われたかどうかも確認できていないのは問題だ。絵を購入したにしても、絵の価格なんて水物だ。売却時の価格が大きく下落したら、売却代金で返済はできなくなる。そこで会社の金に手を出すことになったら、資金繰りに少なからず悪影響を与えることにもなりかねない。
　　　銀行が貸出の数字を伸ばしたいがために、会長が自分の趣味の絵を買うための金を貸出するというのは間違っていると思わないか。「貸さぬも親切」という言葉を知っているか。
葉　山：そういわれましても……。
支店長：そもそも、絵画購入資金を運転資金と偽って貸すこと自体が、貸出業務の基本を逸脱している。こういう貸出を私は認めません。この貸出は期日に返済してもらうこと。いいね葉山君。
（注）　美術品として取り扱われるようなものは、価値が減少することがないという考え方に基づいて、税法上は、減価償却ができない「非減価償却資産」とされます。美術関係の年鑑等に掲載されているような作者の制

第1章　貸出業務の本質　　53

作した絵画は、「書画骨とう」として「非減価償却資産」の備品に該当します。なお、絵画の場合、1号2万円未満のものは、減価償却資産として取り扱うことができます（田村雅俊ほか編著『勘定科目別　仕訳処理ハンドブック　第6版』199頁（清文社刊））。

〈場面2〉

支店長：牟田君、どうしてここへ5,000万円を貸すの。
牟　田：やっと新規取引してくれることになったのです。
支店長：新規取引は結構だが、この話はちょっと不自然ではないか。
牟　田：なぜですか。
支店長：だって、この会社の主力はA行だろ。2年前に主力はB行からA行に替わり、いまはA行が圧倒的主力になっている。A行は設備資金で5億円、運転資金で2億円も出し、当社借入金の8割の融資シェアを押さえている。本社も工場もA行が担保を押さえている。それなのにどうして今度の増加運転資金5,000万円の全額を新規取引の当行1行で貸すことになるのだ。本当に増加運転資金なのか。
牟　田：永年、新規取引開始工作を続けてきたので、その熱意を買ってくれたと思いますが。
支店長：それはありがたいことだ。でも考えてごらん。2年前に主力行の地位を奪取したA行が当社の新たな資金需要を把握していないわけがない。当社はなぜ新たな資金需要について主力A行に相談せず、取引がいままでなかった当行に持ち込むと思うか。ここは、A行と当社のあいだになんらかのトラブルがあって、A行が貸してくれない、あるいはA行からは借りたくない理由があるのかもしれない。
牟　田：支店長、当社は、この案件に応ずると、貸出代わり金をすぐに使わないで1カ月間は通知預金に置いてくれるといっています。

さらに、外為取引の全部と従業員取引の一部を当行にくれると
　　　いっています。メリットもとれるし、担保も出すといっています。
支店長：牟田君ね、貸出はメリットがとれるから行うというものではな
　　　いぞ。本当に必要な資金なのか、本当に健全な借入申出なのか。
　　　そこを見極めることが大切だ。今回の場合はなぜ主力行に頼まず
　　　当行へ話が来たのかというところに不自然さを感じて、どうも
　　　引っ掛かるのだ。
牟　田：実は支店長、この話は甲社の日田社長があいだに入って、日田
　　　社長の紹介ということで話が来ました。
支店長：ますますおかしい。主力のＡ行から支援を受けられない、受け
　　　たくないというなんらかの理由がありそうだ。Ａ行には頼みにく
　　　いので、新規のお願いに来ている当行なら貸してくれると思って
　　　来たのかもしれないぞ。
牟　田：この会社の前期の売上は10億円ですが、社長によると５年後に
　　　は売上を100億円にして、上場の計画もあるといっています。売
　　　上、利益ともにこの５年間増収増益です。
支店長：たしかに５年前の売上は５億円だったから、５年間増収を続け
　　　て売上が２倍の10億円になった。しかしそれが、今後５年間で10
　　　倍の100億円の売上にするという根拠は何か。増収を続けている
　　　のに配当がゼロというのは腑に落ちないな。牟田君、中小企業の
　　　決算書はそのまま信じてはいけないよ。健全な懐疑心をもって、
　　　実態を見極めることが大切だ。利益が出ているのに配当がずっと
　　　ゼロであるのはなぜだ。５年間も儲かっていながら配当がゼロと
　　　いうのはおかしいと思わないか。儲かっているという決算書のほ
　　　うを疑わざるをえない。粉飾ではないか。
　　　　貸出業務においては案件があったらなんでも喰いつくダボハゼ
　　　になってはいけないぞ。数字を伸ばすことが目的ではなく、健全
　　　な貸出資産になるかを見極めることが本質的仕事なのだ。だいた

　　　　い、君のような若い担当者に初めて会った社長が、上場計画があるという重要なことを簡単に話すものだろうか。5年で売上を10倍にするなどという大言壮語を鵜呑みにしてはいけない。金を借りるための呼び水として、よい話ばかりしているのかもしれない。

牟　田：でも、担保も入れるといっていますし……。

支店長：担保があってもダメだ。圧倒的主力のA行の動きがみえずに、当行に話をもってくる申出に不自然さを感じる。増益を続け上場計画もある会社が配当していないことから決算書も疑わしいし、預金や外為取引がとれるというメリット本位の考えで安易に貸出を行うことは発想が間違っている。外為は当行から貸出を引き出すためのエサだと思う。もっと実態を調べる必要がある。今回は見送りとする。

牟　田：支店長、これで新規取引は獲得でき、通知預金存置の収益と外為取引ももらえます。財務分析では特段問題点は見当たらないし、なんとかご再考願えませんか。

支店長：主力行が動かない状況で、当行にお土産付で貸してほしいという動きは、どう考えても不自然だ。決算書が粉飾である可能性もある。メリットに目が眩むと間違いを起こすこともある。当行が断わったら、主力のA行がどのように動くかみてからでも、遅くないと思うよ。

　〈場面1〉では、会長の絵画趣味に当て込んで、会社宛に絵画購入資金を貸すことで新規取引を開始しましたが、支店長は回収を命じています。

　〈場面2〉は、新規取引の依頼を続けてきた会社からの借入申出に対して、貸出を行いたい担当者と「見送り」と判断する支店長の会話です。

　二つの事例とも、貸出の数字を伸ばす機会を逸することになります。この二つの事例を読み、あなたが担当者の場合、あなたが課長の場合、あなたが支店長の場合、あなたはどのような判断を行いますか。

第2節　銀行は「雨の日に傘をさしてくれない」？

　銀行の貸出業務の姿勢に関して、世間では「銀行は晴れた日には傘をさしてくれるが、雨の日には傘をさしてくれない」という言い方を耳にすることがあります。

　前記事例でも、〈場面1〉では、会社にとって不要不急の金の貸出を行っている一方、〈場面2〉では、貸してほしいという申出を断わっています。ということは、やはり銀行は「雨の日に傘をさしてくれない」といわれても仕方がないのでしょうか。

　「雨の日に傘をさしてくれない銀行」という言葉の意味をよく考えましょう。「雨の日」という言葉は、「企業にとって資金繰りが苦しいとき」「業績が順調でないとき」という意味であり、「傘」とは「銀行の貸出業務」「銀行の支援」を意味するといえます。

　企業経営者は企業の存続を目的に、必要な収益をあげ、株主に配当し、従業員に給料を支払い、社会に貢献するための事業努力を続けています。しかし、企業経営にとって数十年間続けて晴れの日ばかりとは限りません。小雨のときも大雨のときもあるでしょう。台風のような大きな困難に直面するときもあるはずです。そのような日がいつか来るかもしれないということで、企業経営者はまず第一に貸借対照表における「資本の部」を増やすことで自らの体力を蓄積することに努力し、次に仕入・販売の関係にある取引先、また借入取引の関係にある銀行との信頼関係を築くことにも努力することが一般的といえましょう。

　銀行は、雨にさらされて苦しんでいる企業への貸出をまったく行わないということはありません。永年の取引関係にある企業の再建に必要な支援も行っています。ただし、その場合、再建計画が現実的で実現可能なものであることが前提です。そして、銀行にとって債権保全が十分であるか等々のことを総合的に勘案して、必要と判断した場合、所要な対応（＝傘をさす）を行います。その傘は、赤字資金の貸出を許容する場合だったり、約弁猶予や

約弁金額の減額、あるいは貸出期間の延長等に応える場合だったりします。

　ここで重要なことは、雨（＝業績低迷）に苦戦している企業経営者の説明が楽観的であったり甘かったりする場合、銀行は経営者からいわれた申出に必ず応ずるというわけにはいきません。経営者から受けた対応策の説明について銀行自らが考えて納得する場合に限り、支援に動くことができるのです。そこに情緒的な同情で支援することはありません。

　「雨の日に傘をさしてくれない銀行」という言葉は、ビジネスの厳しさに目を瞑って、情緒的な側面に訴え、真の問題をすり替えるようなニュアンスを感じます。企業が存続するための防衛の第一義的責任は、自らの経営力と万が一の備えにあります。自己の経営責任を棚に上げて、銀行が傘をさしてくれなかったことに問題があるかのごとく、責任をその傘に転嫁することは本末転倒です。自らの努力を行ったうえでの支援要請に対しては、前記のとおり、銀行の視点で再建計画を検証し、納得したときに「銀行は傘を差し出す」ことになるのです。

　もう一つ付け加えておきたいことがあります。前記文章において「銀行が差し出す傘」と書いた意味を理解してほしいのです。「銀行の傘」と書かなかったのはなぜでしょうか。それは、「傘」は銀行のモノではないからです。銀行業の基本は、預金者から預かった預金を原資にして、その運用として貸出業務を行っているという本質を忘れてはいけません。「銀行が差し出す傘」は「預金者の傘」なのです。「銀行の傘」ではありません。

　したがって、貸出金が回収不能となり、預金者へ貸出金の原資として預った預金を返すことができなくなるようなことを行ってはいけません。「預金者の傘」を軽々と勝手に銀行が貸すわけにはいかないのです。このことは、預金者の立場で考えていただければ、その是非について理解が得られると思います。

第3節 「貸し渋り」

　バブル崩壊後、マスコミに「貸し渋り」という言葉が出現し流行しました。

　「貸し渋り」という言葉は「広辞苑」には載っていません。「渋る」という動詞で引いても、用法としてもそのような例はありません。

　「貸し渋り」という言葉の意味を、新聞等の使い方から推測すると、どうも銀行が貸出をしてくれないことを指して、それを「貸し渋り」といっているようです。中小企業が資金繰りに困り、倒産する原因に、銀行が貸出をしてくれないこと（＝「貸し渋り」）をあげているようです。

　銀行が「貸し渋り」をするから中小企業が倒産するという論理はどうみても滑稽です。どのようにしてそのような発想が生まれるか、筆者には理解できません。そのような発想をする人たちに逆に以下の2点について尋ねたいものです。

① 銀行が新たな貸出に応じないと倒産するという状況にまで至った経営はだれの責任でしょうか。
② そのような倒産直前の状況で資金繰りに窮している企業に銀行が貸出することに問題ないという考えでしょうか。

　これについては、前節でも述べましたとおり、銀行は預金者から預り、預金者に返すべき資金（＝預金）を、回収不能のおそれがあるような貸出に回すことは避けなければいけないと考えます。

　銀行はバブル時期に真っ当でない貸出を行ってきたことは事実です。その後、銀行は不良債権問題の処理を通し、貸出姿勢を反省し、その行動を改めているところであると認識しています。バブル時代に行われていた異常な貸出を正常化する努力を続けているところです。そこに、貸出を行わなければ倒産するような会社、あるいは回収が危ういという会社に貸出することが、銀行の公共的使命とでもいうのでしょうか。

　銀行法は第1条の目的規定において「預金者等の保護を確保する」「健全

かつ適切な運営」と記されています。コンプライアンス（法令等の遵守）を経営の重要課題に掲げている銀行であるならば、事業内容や返済等に大きなリスクがある企業に貸出を行うことは、コンプライアンス上も避けるのは当然であります。

そもそも銀行の収益の根源は貸出業務によって得られる貸出金利息です。これが経常収益の過半を占めています。言い換えれば、貸出業務は銀行が収益を得る本業としての大黒柱といえます。

「貸し渋り」とは、"銀行が貸さない"という意味で使っている言葉ですが、銀行は収益を得る本業を行っていないという指摘でしょうか。もちろん、貸出業務全体のなかで"貸さない"という結論・判断を行う場合はあります。それは、"貸せない"という判断をする理由があるからです。前述の銀行法の目的も知らず、貸せないという判断した理由をみることなく、ごく一部の企業宛貸出事例の"貸さない"という結果だけをみて「貸し渋り」という言葉で銀行の貸出業務を批判する姿勢は正しいとは思えません。

第4節　貸出業務の判断基軸

1　不良債権問題の反省

銀行が貸出業務を行うことであげている収益（貸出金利息）は、銀行の収益の大きな柱です。それは銀行の損益計算書をみれば明らかです。貸出金利息が経常収益の50〜70％を占めています。したがって、銀行経営において貸出業務の役割は大きく、重いものです。この貸出業務が健全でなくなると、銀行経営は危機的状況に陥ることになります。さらにそのことは、日本経済の安定的な発展にも水を差すことに繋がります。

いま、銀行の不良債権処理は一段落し、銀行の収益も回復してきています。銀行は国民の税金を投入して助けられた不良債権処理問題を真摯に反省することが求められています。その原点は、貸出業務に対する姿勢を正しく

することにあると私は考えます。なぜ、不良債権がかくも大きな金額で生じたのでしょうか。

その理由は二つあると思います。

一つは無理な貸出を行ったこと、もう一つは、目標達成を評価する成果主義的考え方が強まったことです。

バブルの崩壊という経済環境の変化も不良債権が発生した環境要因であることは間違いありません。しかし、銀行は外部環境を言い訳にするのではなく銀行内部における貸出方針・貸出姿勢に問題はなかったのかという反省が大切だと考えます。

「無理な貸出」を行った背景には、貸出残高を大きくすることで資金収益を稼ぐというねらいから、貸出業務において業容拡大競争に走ったことに原因があると思われます。貸出残高を増やすことが目的化し、担保があれば資金使途の検証が不十分でも貸す、顧客が必要とする金額を超えて貸す、投資物件（土地・株式・ゴルフ会員権等々）と借入れとをセットして売り込む等々のことが行われました。その結果、銀行の貸し手責任が問われる事態も発生しています。

いま、これを反省し、今後不良債権を出さないようにする、あるいは取引先が倒産しても、不良債権金額を極小化に導くためには、貸出業務に関する取組姿勢を正しい道に戻すことが肝要であると考えます。そしてその本質は、貸出担当者が貸出業務の本質を見失わず、理性に基づき、真っ当な貸出業務を行うことにあると考えます。

貸出業務に携わる者は、もう一度貸出業務の原点に立ち返り、貸出業務の本質を見詰め直すことから学ばなければいけません。目標達成意欲は大切なことですが、数字を伸ばすための手練手管ばかりに卓越し、貸出業務の本質を見誤った結果が不良債権問題に繋がったという事実を真摯に反省しなければいけないのです。

2　貸出業務の「王道」とは何か

　貸出業務に携わる人たちは、同業務に必要な法律や財務分析の知識を磨く前に、考え方の基軸をもつことの重要性を認識するべきです。幅広い銀行業務のなかで、特に貸出業務に携わる者は、自分のなかに「職務における倫理上の確固たる軸」がなければいけません。

　多様な銀行業務は部署ごとに「マニュアル」があり、標準的・統一的な事務手続が定められています。貸出業務の場合も「事務」は大切ですが、貸出を行うか否か、貸出を実行する場合の条件決定を決める際の「判断」が重要になります。その「判断」を行うとき、重要なことは「ぶれない軸」をもっていることです。

　貸出業務における「ぶれない判断の基軸」は「王道」たる考え方でなければなりません。筆者が考える貸出業務の「王道」とは、「遵法精神」と「自己責任」の二つが根本を支えるものであると考えます。この二つの欠如が不良債権を増大させたといえます。これを言い換えますと、常識と倫理観の欠如ともいえます。バブル期は銀行も担当者も常識と倫理観が欠落していたと思います。

　ここでは、貸出業務における「ぶれない判断の基軸」たる「王道」という考え方を取り戻し、確立していただくべく、参考になると思われる二つの話を以下に掲げます。遵法精神は法律や規定・規則を遵守するという最低限のことで、あらためていうまでもありません。むしろ、自己責任についての「自覚」「倫理観」を確立するためには、自らが考え直す機会が必要であると考えました。そこで筆者自身が大きく影響を受けたカント倫理学の一部分を紹介し、これを読んでいただくことで、貸出業務の「王道」のあり方について考えていただきたいと思います。

(1)　カント（18世紀のドイツの哲学者）

　カントは『純粋理性批判』『実践理性批判』『判断力批判』という有名な著作を書いています。その内容は哲学の徒にしても難解といわれています。そ

こで「王道」について考える際に重要と思われるカントの考え方を、解説書（小牧治著『カント』（清水書院））のある箇所（人間は何をなすべきか―「実践理性批判」―）から、少し長くなりますが引用します。

　　わたしたちの日々を考えてみると、ああしたい、こうしたい、と、まったくしたいことの連続みたいである。フロイトのいうごとく、欲求にかりたてられ、その不満をみたそうとして、かけめぐっているようである。動物的本能や衝動にもとづく欲求のほかに、わけても人間的な地位・名誉・富・長寿など、そうじてこの世の幸福を追い求めてやむことがない。

　　だが、こうしたい、ああしたいともがくとき、他方で、こうしてはならぬ、ああしてはならぬ、こうすべきだ、ああすべきだという声に、だれでもぶつかるであろう。その声は、他人からわたしたちに向けられることもあろう。しかし、他人がおしつけたことを、わたしたちの心がうけとるばあいでも、わたしたちは、「なるほど、こうしてはならぬ、ああすべきだ」とじぶんでじぶんの心にいいきかせる。また、たとえ、他人が見ていようといなかろうと、他人が知っていようと知らなかろうと、わたしたちはじぶんの心に、こうしてはならぬ、ああすべきだと、いいきかせる。わたしたちのうちにおこってくるこの声は、いったい、どこからくるのであろうか。

　　その声は、わたしたちが、欲におぼれて、まちがったことでもしようものなら、ますますきびしく、だんことしてわれわれにせまり、われわれを責め、われわれを苦しめる。われわれを呵責しないではおかない。もうすでに過ぎさったことにたいしても、この声は、ああすべきではなかった、こうすべきであったのだ、といって、われわれを責め苦しめるのである。

　　……それが、外からの、たとえば強い権力をもった王侯君主とか、上官とかからの絶対的命令ではなく、わが心のなかからわき

第1章　貸出業務の本質　　63

でてくる声なのである。ふしぎなこの声の源泉は、いったいどこなのであろうか。カントは、このような、内なる声を、「義務」ないし「道徳法則」（あるいは「道徳律」）とよんだ。
（同書161～162頁）

　げんぜんたる道徳的事実、すなわち義務の命令は、ああしたい・こうしたいという欲求や、地位・名誉・富などのこの世の幸福を追い求める態度とは、根本的に素性のちがうものであった。欲求や幸福を求めれば求めるほど、義務の声は、ますますきびしく、だんことして迫ってくるのであった。それは、およそ人間であるならば、だれでもが従わなくてはならない声であった。カントは、そのような声を、人間のみにあたえられた理性の声と考えた。

　……人間も、一面、動物である以上、本能や衝動をもっているし、それにもとづく欲求をみたそうとする。それどころか、悟性とか理性という考える力にめぐまれた人間は、それを利用して、この世でできるだけの欲求を満足させようと、あれこれ考えをめぐらすのである。なんとかたくみに世に処し、地位や名誉や富をえようとする。すなわち、この世の幸福を追い求めるのである。こういうことにたくみな人は、いわば、りこうで、世わたりの上手な人である。しかし、りこうで世わたりの上手な人は、かならずしも善き人ではない。「目から鼻へぬける」ようなぬけめない人は、かえって好感をもたれない。こういう人は、ときにはうまくたちまわり、ずるくて悪がしこいことすらある。

　……つまり人間は、一面、欲求や幸福を求めてやまない動物的存在である。そして同時に、他面、それとはちがい、それをこえ、ときにはそれの否定をさえ命ずるような、高い世界にせっしているのである。そういう超感性的・超経験的な世界に人間をふれさせ、そういう世界へと高まっていくところに人間の本質があ

ることを知らせる能力、これをカントは理性とよんだ。純粋な理性の使命は、ここにあるのであって、幸福追求のための思考的道具たることにあるのではない。一方、幸福を追い求めてやまぬ欲求と、他方、人間のまことの本質を人間に自覚させる理性。いわば人間は、こういう二つの世界、二つの考えかたの衝突のなかに立っているのである。しかし、後者、すなわち、真人間を自覚させようとする理性は、幸福を追求し幸福を人生の目的としようとする考えかたにだんとして迫り、そういう考えかたを捨てるよう迫るのである。そこで、理性の声、理性の要求は、人間においては、無条件の命令という形をとるのである。じつは、それが義務の声であり道徳的命令であったのである。われわれ人間における道徳的事実、疑いえぬ義務の声というのは、じつはこういう事実であったのである。

（同書165～167頁）

　筆者は、カント倫理学から学ぶべきことを次のように考えます。

　貸出業務に携わる担当者であるからには、こうしようと思う主観的原理はいつでも理性的でなければいけないということです。言い換えれば、担当者としてめざす行為はほかのだれにでも通用するものでなくてはなりません。人間としてすべき行為として、だれにも恥じることない、堂々たる行為でなくてはならないのです。このことは、担当者として自らの快・不快という感情とか、自分の評価に繋がることに耳を貸したり、左右されたり、動かされたりすることなく、ひたすらに理性（＝普遍的であれ、だれにでも通用するように行え）に従うことの重要性を知ることにあると思います。

　ひるがえって、銀行は、目標の達成、自己の利益を追求するあまり、どのような相手に対しても安易に貸出を行うことは慎まなければなりません。銀行が貸出業務を行うに際しては、公共性の原則を忘れてはいけません。いやしくも、反社会的勢力に流れる貸出や、回収不能に陥るリスクが高い貸出は避けなければいけません。銀行は、自行の貸出方針あるいは貸出原則を掲げ

るに際し、公共性の原則を意識した理性が反映されなければいけないと考えます。

貸出業務に携わる者は、それが「取引先の社会に役立つ事業経営に資するために行うべき業務である」という原点を絶対に忘れてはいけません。だれにも恥じることのない貸出業務を正々と行わなければいけません。ところが、この案件を取り上げれば表彰がとれる、目標が達成できる、そのためには担保が不足しているが水増ししてごまかす、決算見込数値に手心を加えた計画や報告を作文するというような、理性をはずれた行為が無理な貸出に繋がり、不良債権を作っていくのです。

銀行という組織・貸出業務を担当する個人は、自らの欲望や願望を追求することを目的化し、貸出業務の本質を忘れ、理性を見失ってはいけません。ここで学ぶべきことは、理性に基づく基本的な行動は、だれが行っても、いつの時代に行われても（原則的に）「不変」でなければいけないということです。

貸出業務における普遍的な基本動作は、資金需要発生の事情・背景の確認と、金額の妥当性、そして返済能力のチェックです。数字的目標達成のために、まず「貸したい」という結論があり、その決裁を得るために、貸したいとする肯定的理由だけを列挙する態度は間違っています。「貸す」「貸せない」という結論を導くためには、普遍的基本動作において、客観的かつ公平な観点から所見を書くことが求められているのです。「貸したい」という結論を正当化するために稟議書を書くという行為は、貸出業務の本質を見失っているといえます。

(2) 『銀行業務改善隻語』

『銀行業務改善隻語』（近代セールス社）は、一瀬粂吉という方が書いた本です。ちなみに「隻語（せきご）」とは「ちょっとした言葉」という意味です。

この本が書かれた昭和2年という時期は、金融大恐慌によって日本の金融界が大きく揺れた頃です。全国の銀行がいっせいに取り付け騒ぎに巻き込ま

れ、全国の銀行がいっせいに休業するという異常事態が起こりました。この本は、銀行業界が混乱するなか、銀行業務に携わる人に対して、全篇20章にわたる項目ごとに、著者の確固たる信念が929もの「隻語」として綴られています。

いまからおよそ90年も前に書かれたものですが、ここには、時代の変化を超越した真理・警告の文章が記されています。時代の変化を経たいまでも、学ぶべきことがあるということは、そこに「本質」があるからだと考えます。

貸出業務に関する「隻語」は、同書第5章「銀行と顧客」と第9章「貸出と貸越」に多く語られています。どれも大切な事柄と思いますが、そのなかから特に四つを引用します。

① 「およそ人は、常識を以て可なりと信ずれば、宜しく行うべし。苟くも不可なりと思わば、断じて行うべからず、須らく意志の鞏固なるを要す。最初一歩を誤らば常識も影を没す」（同書92頁、第9章19）

ここでは、「人間は、常識で判断してよいと思ったことは行動するべきである。常識的ではないと思ったならば、絶対に行ってはならない。そこには強い意思が必要で、これを誤るとその人の常識（＝判断尺度）が疑われる」ということが書かれています。

貸出業務において、常識に基づいて判断することの重要性を示唆しています。といっても、個々人が「これが自分の常識だ」と都合のよいことを言い始めたら議論が混乱します。そこで銀行においては、永年にわたる経験の蓄積から自行の貸出原則・貸出規程を定めています。まずは、自行の貸出原則と貸出規程を守ることが常識に基づく行為であるということを認識しなければいけません。

貸出判断の原点は原則・規程を守ることから始まります。しかし、現実の個々の貸出案件には例外があり、原則・規程に抵触はしないが常識的であるかどうかが問われることもあります。だれがみても突飛・独歩な話であるときは、頭から否定するのではなく、「健全な懐

疑心」をもって中身を検証したうえで、最終的には常識的判断になろうかと思います。

　ここで留意すべきことは、「銀行の常識は世間の非常識」といわれていることに耳を傾けることです。自行内で常識といわれている考え方・やり方で、世間一般の人からみると非常識と思われている、あるいは銀行のわがまま・ご都合主義にみえることがあります。

　筆者が研修・講演でいうことは、銀行が数字稼ぎのために行う「早割り・早貸し」「貸し込み」などは、取引先にとっては経常利益がマイナスになることであり、決して望んでいないこと、すなわち、それは銀行のわがまま・ご都合主義です。しかし、それは数字を伸ばすための手法として常識とされ、それを行うことが常態化している銀行があります。

　いま一度、銀行内で常識といわれていることが、世間に良識として通じることであるか、素直かつ謙虚な姿勢で考えてみてください。

② 「総て投資は、担保と云わんよりも、寧ろ使途を明らかにし、且つ弾力あるものに向かつてなすことを必要条件とす。従つて返済の財源およびその方法の明確ならざるものには貸金をなすべからず」（同書92頁、第9章22）

　ここでは、「担保の有無よりも資金使途を明確にすることが大切で、返済原資と返済方法が明確ではない案件には貸出をしてはならない」ということが書かれています。

　担保価値が十分あるということを根拠として貸出を行うべきではありません。貸出資金の回収を担保処分を前提にするということは、貸出業務の最重要的価値である「判断の放棄」に繋がる問題です。担保処分を前提に金を貸すのは質屋の発想です。銀行は必要かつ活きた資金の貸出を行うのであり、そこで重要なことは返済原資と返済方法を明らかにするための資金使途の見極めです。

　担保処分を行い貸出金を回収することに要する人と時間をコストに

換算し、また投入した人と時間から本来得られたはずの利益を考え合わせると、担保処分を前提にした貸出を行うことの無意味さがわかるのではないでしょうか。

③ 「賢者は先ず考えて行い、愚者は行うて後考う。銀行は宜しく一歩先んじて考え、一歩退いて断ずべし」（同書91頁、第9章15）

ここでは「賢い者はまず自分の頭で考えて行動する。愚かな者は行動した後に考える。銀行は世の中の動きより一歩先のことを考えるが、現時点で決断しなければならない」ということが書かれています。

ここで学ぶことは2点あります。一つは、顧客からの借入申出に接したとき、いわれたことを鵜呑みにして、自らは考えずに、事務的に貸出実行に至るようなことがあってはなりません。貸出を実行した後に「しまった」と後悔しても、契約上は許容した貸出期間の期限の利益を与えているのです。

二つ目は、銀行は顧客の属する業界・業種について、日本あるいは世界における産業動向のなかで考え、また当該業界・業種が置かれている問題点や将来のことまでを考えて、貸出判断に活かすべきです。資金使途の背景にある事業計画の是非を、時代の変化に重ね合わせたマクロ的視点で読み取ることも、銀行に期待されていると思います。そのためには、産業調査の部署との協働も大切なことと考えます。

④ 「顧客の要求を拒絶するは可なり、然しその拒絶には意義なかるべからず。場合によりては十分の説明をなすべし。顧客も亦、単に自分の要求が容れられざりしとて、徒らに不満を抱かず、静かにその理の存する処を考え、自他将来のため、宜しく反省するの大度なかるべからず。この理解なきものは、顧客も亦、何時かは失敗すべき素質を有するものなりと知るべし」（同書60頁、第5章16）

ここでは、「顧客からの要求は断わってもよい。しかし、断わる場合、その理由がなければいけない。場合によっては十分な説明をしな

ければいけない。顧客も、借入申出が断わられたからといって意味なく不満を抱くことはしないで、銀行が説明する理由を冷静に考えてみるべきだ。そして将来のために、断わられた理由を考え直す度量をもつべきである。これがわからないようでは、その顧客はいずれ事業に失敗する可能性があるといわなければならない」ということが書かれています。

　ここで書かれているのは「貸さぬも親切」ということです。「お客さま第一」という観点で貸出判断を行った結果、事業計画・資金計画に無理があったり、資金使途が曖昧で無謀な事業であると思われたりする場合、借入申出を断わることも「お客さま第一」の考え方であるということです。

　貸出業務においては「NO」という場面もありえます。

　その際、顧客も「NO」という結論を出した銀行に不満を抱くのではなく、冷静に「NO」といわれた理由を考え、それを反省材料にする度量をもたなくてはいけないと思います。冷静な視点でみて「NO」という判断を下した銀行の考え方を聞かずに暴走する顧客は、傾聴・謙虚さに欠け、いずれ事業経営に失敗する潜在的素地をもっているというこの指摘は首肯できるものです。

3　理性に基づく貸出判断

　貸出姿勢を正しい道に戻すことの本質は、貸出業務を担当する者が理性に従い、真っ当な貸出業務を行うことにあると前述しました。そのためには貸出担当者の基本的資質とモラールを高くすることが重要です。

　貸出業務を行うには、経済や産業の動向、あるいは金利の動きに関する幅広い知識、そして財務分析や法律的知識等の深い知識も必要です。しかし、そのような勉強を行う前に、本章で書きました「貸出業務の王道」とは何かという考え方をしっかりと身に付けるべきです。

　不良債権の処理ということの経験と反省を踏まえるとき、いま、貸出業務

に携わる人には「王道を歩む」ことが求められています。実務や知識は正しい道で活かされるべきです。業容拡大・収益極大が目的化し、数字至上主義のため「覇道」に走る行動や、自己への評価と幸福を慮った自己都合的・打算的行動をとってはいけません。それは不良債権を作る道に戻ってしまうからです。銀行は、理性に基づき真っ当な貸出業務を積み重ねる努力を行うことによって、健全で安定的な資金収益が得られるのです。

　現役の銀行員のほとんど多くはバブル時代に行われた銀行の貸出業務の実態を知りません。また、バブル崩壊後の不良債権処理に、自行においてどれほどの時間がかかり（期間）、お金が投じられたか（コスト）も知らされていません。そのような自行の歴史を振り返り、反省する教育・研修も行われていないと思います。

　現役の銀行員のほとんど多くはその時代のことを知らずに貸出業務に就いていますが、取引先の経営者は覚えています。

　銀行は、支店長研修・役付研修・融資担当者研修等の機会で、あらためてバブル期の貸出業務を省みて、そこから何かを学びとらなければいけません。それは、成果主義・業績至上主義という考え方ではなく、理性をもって貸出業務を行う姿勢であり、道徳倫理観をもつことの重要性であると思います。

第2章　資金使途の確認

　顧客から借入申出があった場合、資金使途を検証することが貸出業務の基本です。顧客からの申出内容の説明を鵜呑みにして安易に納得するのではなく、自らが健全な懐疑心、あるいは積極的な好奇心をもって、資金使途の実態を正確に把握することが肝要です。

　貸出の数字を伸ばすことを目的に、資金使途を問わずにお願いや売込みを行うことは、貸出担当者としてやってはいけない行為です。なぜならば、資金使途を確認せずに貸出業務を行うことは、返済原資や返済期間もいい加減となり、リスク判断も甘くなり、貸出業務の本質を見失っているからです。

第1節　事例紹介

〈場面1〉

> 支店長：中山君、この会社に増加運転資金を貸したいというメモだけれど、本当に増加運転資金が発生するのか。過去3年間の売上実績は横ばい、今期（3月決算）も先月（1月）までの売上は昨年並みなのにどうして今期売上の見込みが前期比＋20％も伸びるのか。この数字は作文ではないか。
> 中　山：その売上見込みは、社長から聞いたんです。
> 支店長：社長がいっているということを鵜呑みにしては困る。その話を社長から聞いた君の意見はどうなんだ。
> 中　山：……。
> 支店長：社長の話はおかしいと思わないか。担当者である中山君は、この話を聞いてどのように考えたのか。君の意見を聞きたい。
> 中　山：おかしいとは思いました。しかし、社長には詳しく聞けないの

で、経理部長に本当のところを聞きました。そうしたら、今期の売上見込みは前期並みというのです。でも、「社長から20％の増収になるから増加運転資金を貸してほしい」といわれたと話したんです。

支店長：そうしたら部長はなんといった。

中　山：「内緒だぞ」と釘を刺されましたが、本当のところは、社長が株式投資に使う金を増加運転資金と称して借りるということらしいのです。

支店長：困った社長だな。また株か。断わろうか。

中　山：断わったら、あそこの社長はうるさいですよ。

支店長：ウソをついてまで借りようとすることが感心しない。株式投資が会社の本来の資金繰りに悪影響を与えることになるかもしれない。

　社長がうるさ型の性格だからといって、筋違いの話を認めることはできない。そもそも、そういう実態を知りながら、増加運転資金と偽った資金使途で稟議書を書く君の姿勢も問題だ。

中　山：申し訳ありません。

支店長：会社として株式投資をするのか、社長個人で株式投資をするのか、どうしても必要な資金がいるなら、株式投資資金としての資金使途を明らかにして借入申出をするべきだし、君も経理部長から聞き出した事実を正直に書かなくてはいけない。売上債権等の見通しから増加運転資金が発生するとは思えないことから資金使途が明らかになったわけだが、こういうことを「馬脚を現わす」というんだ。明日にでも私が社長のところへ行って話をしてこよう。

〈場面2〉

支店長：城田君、この稟議は、Y社の増資に関して、y社長（二代目オーナー）が全額を引き受け、その払込資金をy社長に貸出するということか。

城　田：はい、そうです。

支店長：Y社は増資して、その資金を何に使うのだろうか。

城　田：まだ資金使途は決まっていないそうです。

支店長：目的がなくて増資はしないだろう。

城　田：当行からの借入れを返済することはやめてほしいとはいっておきました。

支店長：借入れの返済はしない、増資で得た資金の使い道も決まっていないというのは、ちょっと気になるところだな。そういえば、会長（先代社長）が亡くなったのはいつだったかな。

城　田：一昨年の春でした。相続も終わったと聞いています。

支店長：相続後の持株比率はどうなったのだ。

城　田：先代会長名義の株は先代会長夫人（後妻）名義になって、夫人（現会長）が46％、息子（故会長実子）の現社長が43％、残りが他の親族名義です。

支店長：ということは、今回の増資を社長一人で引き受けると、筆頭株主が変わるということになるが、今回の増資の件について先代会長夫人（現会長）はその事実を知っているのかな。

城　田：さあ、そこまではわかりません。

支店長：社長が抜き打ちで増資をして、筆頭株主になる画策をしているのかもしれない。お家騒動のタネになるようなことになったら困るな。城田君、社長に会って、今回の増資の件について、先代会長夫人は承知しているのかどうかを確認してください。

城　田：はい。

———後日、Y社で———
城　田：社長、今回の増資についてですが、ちょっと教えてください。一つは、今回の件は会長（先代会長夫人）はご存知ですか。また今回の増資によって、社長と会長の持株比率はどうなりますか。
y社長：今回の増資の件は会長には内緒で進めている。会長は経営に素人なのに、いちいち口を挟んできてうるさいので、自分が過半数の株をもとうと考えたんだ。この増資を行うと、自分の持株比率は52.5%になり、会長は38.3%になる。これで自分の思ったとおりの経営が可能になる。

———その後日、S支店で———
支店長：今回の貸出はお断わりしよう。
城　田：なぜですか。新規で社長宛個人貸出が獲得できるんですよ。
支店長：この増資問題はオーナー家の争いの火種になる。銀行として、お家騒動に繋がるおそれがあるような貸出は避けたほうがよい。
城　田：大丈夫ですよ。
支店長：なぜ、そう簡単に大丈夫と言い切れるのだ。もう少し突っ込んで考えよう。増資について城田君は勉強したことがあるか。
　　　　会社法は、増資に関して株主平等の原則と資本充実の原則という基本、そして会社の定款に反しないように、増資の過程においていろいろな手続を定めている。社長が会長に内緒で話を進めているというが、取締役会の決議はどうしたのか、株主総会の必要性は、あるいは公告や通知はどうするのか。それらを会長に内緒で進めたとして、後日会長がこの増資は認められない、無効だと裁判所へ訴えた場合、どうなる。銀行の関与責任を問われた場合、社長が会長に内緒かつ独断で行う増資であることを知っていたとなると、問題にならないか。城田君は本件増資に関して、取締役会議事録を徴するなど、何かバウチャーになるもので増資内容を確認しているか。

城　田：いや、そこまではしていません。
支店長：やはり、増資がきちんとした手続に則って行われていないことを知ってしまった以上、銀行としてその増資払込資金となる貸出はするべきではない。なぜなら、銀行として遵法精神を欠く増資に加担したとみられるからだ。
城　田：……。
支店長：君は、私の考え過ぎだと思っているのではないか。城田君、貸出するということは、貸出の数字だけの問題ではないのだよ。貸出を行うことによって派生するリスクを考えて「判断」することが大切だ。そこまで考えないにしても、この次に会長が城田君のところへ来て、社長以上の株式をもちたいという理由で、今回と同じように、今度は社長に内緒で増資をするので、その引受けに必要な払込資金を貸してほしいという申出があったらどうする。
城　田：それは……。できませんね。
支店長：同じ代表権をもっている社長の場合は応じて、会長には応じないという理由はなんだ。
城　田：理由といわれても……。
支店長：感情とか感覚でYES・NOをいうことはよくない。顧客を納得させる考え方がないと真っ当な貸出はできない。感情より論理を優先させることが基本だよ。
城　田：はい、わかりました。

　〈場面１〉では、借入れを行う会社の社長は、本来の資金使途が株式購入資金であるのに、増加運転資金として借入申出をしています。〈場面２〉では、経営の主導権争い（会長派と社長派）のため、社長が会長に内緒で増資を図り、その引受けに必要な増資払込資金の借入申出です。どちらも、支店長は安易な貸出姿勢を戒めています。なぜ、資金使途にこだわるのでしょうか。

第2節　資金使途把握の重要性

　貸出業務は「金を貸したら仕事は終わり」というものではありません。貸した金が返ってきて貸出業務という仕事は完結するのです。貸した金を返してもらえるかどうかを判断するには、貸した金が何に使われるか正しく把握したうえで、貸出の可否を判断しなければなりません。

　資金使途の把握は、顧客の事業展開の実態や経営状態の実情を知るとともに、貸出資金の使われ方とその資金還流によって返済原資がわかり、貸出期間や返済条件の決め事も筋が通る話合いになります。

　〈場面1〉において、借入申出どおり増加運転資金というかたちで貸出を採り上げた場合、どうなるでしょうか。通常は期間1年、担保はなく信用扱いでの貸出になります。そうすると、翌年以後はこれが経常運転資金として安易に継続される貸出として存置されていきます。しかし、本来の株式投資資金として貸出を行う場合、通常は購入株式を担保に入れ、掛け目不足分は預金担保等でカバーするという債権保全が行われる貸出として実行するのが普通です。

　〈場面2〉で示したとおり、銀行は、お家騒動に繋がる経営の主導権争いの一方に加担するかのごとき誤解をされるような行動は厳に慎むべきです。資金使途が明らかであっても、争いごとや反社会的なことに使われるという懸念がある場合、量的拡大・収益確保だけをねらった貸出を軽々しく行うべきではありません。

　また、貸出目標数字を達成するために、「売り込み」や「他行肩代わり」という名目で貸出材料が持ち込まれるケースがあります。その場合、本来の資金使途の確認を怠りがちです。借りてくれるということで、数字に目が眩み、貸出業務の基本を忘れては困ります。

　資金使途の確認ができない、あるいは資金使途の確認を怠りますと、返済方法や返済期間について見誤り、貸出の採上げ方を間違えることに繋がります。

第Ⅲ編で詳述しますが、一般的には、資金使途による貸出の採上げ形態は次のとおりです。
　① 経常運転資金……期間1年、継続
　② 増加運転資金……期間1年、継続
　③ 決算賞与資金……期間6カ月、約定弁済付
　④ 季節仕入資金……期間6カ月、約定弁済付または期限一括、あるいは商手乗換え
　⑤ 工事立替資金……（工事請負契約書の期限）期限一括
　⑥ 設備資金……期間3～10年、約定弁済付（1～2年据置期間あり）
　資金使途の実態の検証を行わずに貸出を行うと、前記形態と異なる採上げ方になり、その結果として返済方法・返済期間が守られない貸出となり、不良債権に繋がっていくおそれがあるのです。

第3節　資金使途の確認が貸出判断の原点

　もし、あなたが子供をもつ親であるなら、子供から「お小遣いがほしい」といわれたら、「何に使うの」と必ず聞き返すでしょう。毎月定額のお小遣いをあげている子供から、「足らないから、もっとちょうだい」といわれたり、予想以上の大きな金額がほしいといわれたりした親は、「なぜそんなに必要なの」と問い返します。お小遣いを与える親としては、無駄なことに金を使わないか、わがままに育てることにはならないか等々の理由から、お小遣いを与えるか、与えないかを決めます。お小遣いを与える立場にある親としては当然のことです。お小遣いがもっとほしいという子供にその使い道を聞くと、子供が何をしたいのか、何がほしいのか、何を考えているのかがみえてきます。お金がほしいというとき、そこにはお金を必要とする理由があります。これが資金使途の検証を行うことと同じことを意味しています。
　貸出業務の対象となる顧客も同様です。子供がお小遣いをほしがる理由と同じように、顧客の新たな資金需要発生の理由は何かを明らかにすること

で、顧客は何をしたいのか、何がほしいのか、何を考えているのかがみえてきます。

　資金使途の確認と検証が、真っ当な貸出業務を行ううえでの原点です。この基本を怠ったり、誤ったりすることがあれば、健全な貸出資産を積み上げるという貸出業務の本質を見失うことになります。資金使途に納得したとき、金額、金利、担保、返済方法の話を進めることができるのです。

　「資金使途には疑義があるが、金利を高くして利鞘を稼げる」という理由で貸すとか、「資金使途に問題はあるが、担保は十分ある」という理由で貸すという行為は、貸出業務の本質を逸脱するものです。

　特に、他行肩代わりを行う際、他行から期限が異なる既存借入が数本ある（例：経常運転・決算賞与・設備等）とき、すべての既存借入を一本化して長期・約弁付（返済をゆるやかにする）で採り上げる事例をみることがありますが、これは資金使途を無視し、返済期間や返済原資も問わずに行う最も恥ずかしい貸出です。

　貸出担当者として、顧客からの借入申出が妥当なものであるかどうか、その実態を正確に把握し、内容を確認し検証することが最も重要な仕事です。

第3章　貸出業務に関する基本的心構え

　ローマの詩人ユウェナリスは次の有名な言葉を残しています。「健全なる精神は健全なる身体に宿る」。この言葉は、身体が健康であればおのずから精神も健全であるといっています。

　銀行が安定的な収益を生むのは健全な貸出資産によるということは何度も述べました。貸出資産を人間の身体に例えると、貸出資産（身体）が健全であるところは貸出に対する考え方（精神）も健全であるといえます。ひるがえって、貸出資産（身体）が健全でないということは、貸出に対する考え方（精神）も健全ではない状況であるといえるのではないでしょうか。

　「精神と身体のどちらが先に健全でなければいけないか」というような、「卵が先か鶏が先か」という議論はさて置き、どちらかでも一方が健全でなくなると他方へ悪影響を与えるということは事実かと思います。

　本章では、良質で健全な貸出資産（身体）を作るためには、健全なこころ（精神）によって行動することが大切であるという考え方に立ち、その心構えについて述べます。

第1節　事例紹介

〈場面1〉

> 支店長：伊藤君、これはP社のA行からの借入れを全額肩代わりするということか。
> 伊　藤：はい。A行からの借入れを全額肩代わりする話です。社長の了解も得ております。これで今期の貸出増加目標はクリアできます。
> 支店長：P社はそれを望んでいたのかね。

伊　藤：私のほうから、Ｐ社に肩代わりさせてくれと強くお願いしました。

支店長：肩代わりというのはＰ社の実態を把握してから考えるべきものだが、伊藤君はＰ社についてしっかり調べたか。Ｐ社は酒類の卸問屋で年商３億円だが借入金は年商以上の４億円もあるぞ。この３年間の売上も横ばいで経常利益は200万～300万円程度と芳しくない。Ａ行の肩代わりを行うと、Ｐ社における当行の貸出シェアは一挙にトップになり、70％以上になる。ここはもっと慎重に検討してほしいな。

伊　藤：でもこの案件を実行することによって、自分の今期の貸出目標は達成できます。また肩代わりに際し、担保も全部もらえます。

支店長：君はどうしてもこの肩代わり貸出をやりたいようだが、いままでの話のなかで、君は四つの点で間違っている。

　一つは、すでにＰ社の社長の了解を得ているといったが、貸出の実行を可とする決裁を受けていないのに、君は独断で社長に話をしている。社長が君の発言を融資予約と受け止めて、後で貸せないという結論になったらどうする。二つ目は、貸出の増加目標は銀行内の問題だ。目標を達成するために検討も不十分で安易な貸出を、お願いベースで頼むようなことをしてはいけない。三つ目は貸出シェアが70％を超え、圧倒的主力銀行になるなら、Ｐ社の実態把握はもとより、業界動向にも関心をもって調べておく必要がある。そして四つ目は、担保があれば貸してもよいという考えは間違っている。

伊　藤：支店長、しかし肩代わりによってボリュームアップに繋がり、目標も達成するのですから、承認していただけませんか。

支店長：貸出は判断業務だ。そもそもどういう資金使途の借入れを肩代わりするのかも把握していない。年商以上の借入金があること自体が要注意だ。借入金が何に使われているのか貸借対照表をみる

と、在庫ではなく固定資産に使われているようだ。不要な不動産投資を行っているのではないか。また、世の中の流れは、流通業界の存在意義が薄れてきて、どの業界においても流通改革が叫ばれ、卸、一次・二次問屋の経営が苦戦していることは、経済・産業動向を勉強しているならわかっているはずだろう。酒類の卸業界も経営が厳しくなっていて、昨今全国を見渡していると老舗といわれている地場名門企業も倒産している。借入過多のP社にそこまで肩入れするのはリスクが大きい。A行からすれば、お荷物になっていたP社宛貸出を全部当行が肩代わりしてくれるというのは「渡りに船」と喜んでいるかもしれない。結局、当行が最後にババを引くことにならないように、もっと真剣にP社の実態把握をしてほしい。この程度の検討では不十分だ。

伊　藤：どうしたらよいでしょうか。

支店長：まず酒類の流通業界の最近の動向を調査部から教えてもらうこと。P社の実態把握については、清算バランスシートを作ってから取引方針を決めよう。特に、固定資産のうち不動産の時価評価を行って、含み益があるのか含み損があるのか、よく調べること。

伊　藤：はい。わかりました。

〈場面2〉

支店長：加藤君、Q社（酒屋）の設備資金だけど、新たに支店を出すのか。

加　藤：そうです。駅裏に店を出す計画で、駅裏にあった本屋が廃業したので、そこを買い取って、次男に店をもたせるそうです。

支店長：この規模（売上5,000万円）の売上の会社が新たに4,000万円も借金して大丈夫なのか。既存借入（2,000万円）と合算すると年商

　　　　を上回る借入金額になるぞ。事業計画はしっかりと検証したの
　　　　か。
加　　藤：Q社は地主で、酒屋として80年も続く老舗で、資産は十分あ
　　　　り、担保も大丈夫です。
支店長：地主で資産があることは知っている。そうじゃなくて、売上と
　　　　返済の計画はどうなっているのか。
加　　藤：初年度の売上は1,000万円増加し、次年度以後は毎年10％の売
　　　　上増加を見込んでいます。
支店長：それって甘くないか。支店単独ではいくらの売上になるのか。
加　　藤：あくまで合算売上でみています。
支店長：支店を出したからといって、1,000万円も売上が伸びるだろう
　　　　か。逆に借入金の返済が負担になって、資金繰りが苦しくなる心
　　　　配があるのではないか。
加　　藤：どうしてですか。
支店長：加藤君、いいか。貸出を行う者は、つねに健全な懐疑心をもっ
　　　　て仕事をしなければいけないぞ。支店を駅裏に出すことで、売上
　　　　が簡単に1,000万円伸びるだろうか。この３年間の売上実績は横
　　　　ばい程度じゃないか。
加　　藤：だから支店を出すのだと思います。
支店長：支店を出せば支店の売上がオンされるのはたしかだ。しかし、
　　　　いままで本店の客だったのが、支店で買うようになるのだったら
　　　　意味はない。心配なのは駅裏のコンビニが酒を売るようになった
　　　　こと。コンビニと価格競争にならないか。そもそも酒の流通業界
　　　　の最近の動向を知っているだろう。酒の小売店がコンビニに衣替
　　　　えしたりしている。
　　　　　酒の小売店が店舗展開をして成功するのか疑問だが……。業界
　　　　の動きがどうなっているか勉強したか。支店を出したからといっ
　　　　て、Q社の思惑どおりに売上が伸びるかどうか不透明だし、借入

　　　　金が負担になるだけじゃないか……。それが心配だ。
加　藤：でも万が一の場合は、不動産担保が十分ありますから。
支店長：銀行は質屋と違う。担保があるから貸出は行うことという考え方は好ましくない。銀行は事業に必要な生きた金を貸すのが仕事だ。駅裏に支店を出すということで従業員を増やせば人件費が増え、借入金利と返済の負担もかかり、光熱費等々の諸経費も余分に必要だ。Q社としては固定費が増える。当然、売上との関係で損益分岐点が高くなるが、損益分岐点はいくらになるか。
加　藤：まだ計算していません。
支店長：「借りたいといってきたから申出どおりに貸す」というように、顧客からいわれたままに稟議を書くのでは、担当者である君の考えはどこにも存在しないではないか。そんな貸出担当者では困る。その借入れが、Q社のためになって、投下資金を上回る事業収益に結びつくか、それとも過剰投資で資金繰りが厳しくなるリスクが高まるのか、しっかり検証することが貸出を担当する君の大切な役割だぞ。
加　藤：わかりました。もう少し調べてから、あらためてご相談いたします。

　〈場面1〉は、銀行の貸出増加目標達成を意識した売込案件として他行借入れの肩代わりの話です。〈場面2〉は、借入申出の背景にある事業計画の妥当性の検証不足が問題です。二つの事例で、支店長が担当者にいっていることのポイントは何でしょうか。

第2節　貸出業務担当者の心構え

　貸出担当者として以下のことをしっかりと頭のなかに叩き込んでください。

① 顧客に対しては礼儀正しく接し、顧客のことを第一義的に考えること……銀行本位の考え方や、銀行の都合を押し付けることは避ける。優越的地位に立つことは絶対に避け、公平対等の立場で話す。
② 貸出業務の要諦は不良債権を出さないこと……良質貸出推進を心掛ける。目標数字を意識した安易な採上げは回避。不良貸出に繋がる貸出リスクは避け、債権保全に留意すること。
③ 実態把握に努めること……顧客の説明を鵜呑みにせず、自らが確認・検証を行う。健全な懐疑心をもって、納得するまで調べる。
④ 自己啓発に努めること……経済・産業（業界）・金融・財務分析・法律等々の知識を身に付ける。勉強は不断に継続して行う。
⑤ 法令・規定は絶対に遵守し、顧客との関係も節度をもって接すること……法令・規定違反と独断専行は絶対にしてはならない。顧客に対しオブリゲーションを負うような付き合いは避ける。
⑥ 約束は絶対に守ること……貸出実行日等々の期日管理は厳守。顧客に関する情報管理は秘密厳守。

　貸出業務によって得られる収益は銀行の収益の大きな柱です。貸出の仕事を担当することになった人は、今期の貸出数値目標が念頭にあり、その目標を達成するためにどこに（取引先）いかに貸すか（＝借りてもらうか）を第一義的に考えているかもしれません。もちろん、その考えを否定するつもりはありませんが、目標数値を達成するという意欲の前に、貸出業務の基本についての認識をしっかりもっていただきたいのです。

　銀行が貸出業務で収益を得られるということは、貸出業務に携わる者は、貸出先である顧客から給与を受け取っていると考えてもよいと思います。そのように考えると、その顧客に対して失礼な態度をとることは許されません。顧客には、謙虚な態度、礼儀をわきまえ、そしてつねに感謝の心をもって接することが重要です。

　貸出業務に携わる者に、銀行より会社規模が小さい貸出先の顧客に対して見下す態度をとったり、話し方が横柄であったり、「貸してあげる」「借りて

ほしい」という態度が前面に出たりするようなことがあってはいけません。

　貸出業務は、顧客からの借入申出があってから対応する場合と、顧客に新たに借りてもらうためにいろいろと提案する場合とがあります。前者の場合、借入申出の内容が適切であるのかどうかを見極める（＝検証）という「守り」の側面があります。後者は、銀行の業容拡大に資する（＝提案）ために行う「攻め」の業務といえます。どちらにおいても、顧客の意向を第一義的に考えることが肝要です。銀行の都合を優先し、銀行本位の考え方を一方的に押し付けるような態度をとってはいけません。

　特に、「攻め」の業務を行うに際し、銀行が自らの貸出目標を達成するために、顧客が望んでいないような提案を持ち込み、無理強いして貸し込むという方法で貸出を伸ばしてきたことが不良債権に繋がったという反省を忘れてはいけません。土地の購入や有価証券投資を勧め、貸出とセットで売り込む時代がありました。あるいは、メリットと担保があれば資金使途を問わずに貸したり、架空の資金使途を作文（でっち上げ）して貸す、また必要金額以上に貸す、さらには反社会的なところへ金が流れることを承知していながら貸す等々も、採り上げてはいけない貸出です。このような無理な貸出は、貸出業務の本質を忘れ、数字至上主義で走った暴走としかいいようがありません。

　貸出業務は数値目標達成のゲームではありません。ボリュームが大きくても不良資産が多くあれば、収益どころか銀行経営の信用にも傷がつきます。

　貸出業務の要諦は、まさしく不良債権を出さない、すなわち「債権保全」にあるといえます。顧客の倒産により焦げ付きが発生すると、銀行は収益的に大きな痛手を被ります。ここで大切なポイントは、「債権保全」という言葉は決して担保主義のことを指しているわけではないということです。資金使途に応じた貸出判断によって、返済方法を確実に見極めることが貸出業務の本質であることは前章でも述べました。

　大切なことは、「銀行は顧客と共存する」ということです。銀行が貸出目標を達成するために顧客に対して貸し込むということは、銀行の都合によっ

て顧客の借入れを増やすという暴挙・愚挙であるということを知るべきです。銀行の都合を優先させるために顧客から協力を仰ぐようなことを行うと、将来にわたってオブリゲーションを負うことになりかねません。顧客の経営状態が芳しくなくなり、後ろ向きの資金が必要になった場合、銀行は過去に協力してもらったお返しとして、リスクが大きいことを承知しながらも貸出に応じなければならない状況に陥ることになります。そのような「もたれ合い」や「なれ合い」は不良債権に繋がる可能性がある貸出になりかねません。

　また、貸出業務は貸すことで終わりではありません。貸した金が返ってくるまでの債権管理・回収も貸出業務です。そのためには事前の顧客に関する実態把握が非常に重要になります。借り手である顧客の説明を鵜呑みにすることなく、顧客が置かれている立場、状況、あるいは業界環境について、自らが考え、自ら納得するまで事実と見通し等について検証することが求められているのです。特に、中小企業の決算書については、貸借対照表と損益計算書の表面の数字だけでなく、税務署に提出した勘定科目内訳明細書の中身までチェックする必要があります。健全な懐疑心をもって、実態把握することが貸出業務に携わる担当者の最大の使命です。これが貸出判断の原点です。

　前記の二つの事例で支店長が伊藤君と加藤君にいっている要点は、①この貸出は不良債権になる懸念はないかという前提で、②資金使途、事業計画の妥当性のチェックを要請し、③担当者の独断専行を戒め、④担保があれば貸すという発想は間違いであるといい、⑤もっと業界動向を含め、実態把握の必要性を指摘しているのです。

第3節　政策的な判断

　貸出業務を行うとき、貸出担当者として悩む局面が必ず出てくると思います。

その一つは、顧客に対する「情」と「論理」の問題です。もう一つは、銀行内部における「計数目標達成」と「正論」の問題です。こういう局面に遭遇した場合、担当者としては「論理」と「正論」で意見具申を行うべきです。
　たとえば、現実問題として、借入申出を検証した結果、筋論としては断わるべき結論（＝「論理」）になったが、顧客との永年にわたる取引歴に基づく信頼関係、親密さによる「情」との狭間に立たされる場合があると思います。同様に積極的に採り上げるには躊躇する案件ながら、それを採り上げることで当該期の目標を達成することができ、表彰をとれるということで悩む場合もあると思います。
　本編第1章第4節で述べたように、貸出業務に携わる者にとって、基本となることはいつの時代も普遍であるべきことです。そこには理性が求められます。担当者自らの考えにブレが生じては真っ当な貸出業務はできません。
　しかし現実は、前記状況のなか、人間としての感情が入り、必ずしも理性だけによる普遍的考え方が最終結論ではない場合もありえます。そこには、いわゆる「政策判断」と称する経営的決断が入るからです。しかし、本書では、貸出担当者宛の教育として掲げるべき大切なことは、一貫して「論理」と「正論」をもって自らの意見を具申することが正しい道であるということを強調しています。
　貸出業務の判断は、理性に基づき、普遍的であるべきです。その基本は借入申出内容の妥当性の検証ということですが、しかし、その検証結果だけの判断によって、現実の場面における最終結論になるとは言い切れません。
　「論理」と「正論」を基本にしながらも、最終結論はそれと異なる、あるいは幅をもたせる範囲内になることがあります。そこには、対顧客との取引歴や親密度、業界における地位や影響、他事例との整合性、また収益性等の判断等々も加味されて、最終の決裁権限者が現実的結論を出すこともあります。当然そこには権限に伴う責任が存在していることはいうまでもありません。

結果だけをみれば、その時代の経営の要請から来る施策に縛られて、政策的に貸出判断の結果が変わることもありえます。しかし大切なことは、営業の現場で顧客と接している担当レベルでは、政策的判断を考えるのではなく、本来の貸出業務の原点である借入申出内容の検証という核になる業務は普遍的であるべきで、それを真っ当に遂行することが本来の役割であると、強く申し上げます。担当レベルにある者が、基本部分の検証をしないで、いきなり政策判断と称して、あたかも「結論が先にあり」というようなことがあっては絶対にいけません。

第4節　営業推進とリスク管理

　貸出業務の推進という場面において、必ずといっていいほど次のようなやりとりが行われます。
　「審査が厳しいから貸出が伸びない」「目は節穴か。そんな脇が甘い貸出だから引っ掛かるのだ」と。
　いつの時代にも、貸出の推進と審査は「水」と「油」のように対立します。自動車に例えるならば、推進はアクセルで、審査はブレーキといえます。自動車が安心してスピードを出すことができるのはブレーキが備わっているからです。銀行の組織の変遷を長い期間でみると、推進部門の力が強い時期と審査部門が強い時期と交互に入れ替わっているようです。ブレーキが効かなくなった自動車は、スピードを出し過ぎて事故を起こします。バブル期はそのような状況だったといえましょう。現在は、不良債権問題が片付いた後ということもあってか、審査部門の発言力が巻き返しているようです。しかし、貸出の数字が伸びないような状況に追い込まれると、いずれ推進部門が審査部門を凌いで強くなってくるというのが、繰り返される歴史のようです。
　筆者は「審査が厳しいから貸出が伸びない」という言葉に違和感を覚えます。言い換えると、この言葉は、目標達成のためには「審査が厳しくなけれ

ば貸出は伸びる」ということを意味しているのでしょう。でも、思い出してください。たしかに、バブル期は審査が甘く、貸出は伸びました。その結果はどうだったでしょうか。不良債権が増大したことをもう忘れたのでしょうか。

あの時代、甘い審査によって食べた果実のなかに、腐っていたものも数多く混入していたため銀行は腹をこわしたのです。瀕死の重症に陥った銀行もありました。ひどい下痢によって弱った体力は、薬を飲み寝ているだけでは治らず、病院に入院し点滴や手術を行ってやっと治りました。銀行は、まだリハビリ中であることを忘れては困ります。

「喉元過ぎれば熱さも忘れる」という言葉があります。再び貸出推進のドライブがかかり、バブル期のような貸出姿勢に戻っては困ります。貸出業務では、いつの時代も、つねに本質を直視し、基本を忘れることなく、理性に基づいて判断を行うということが大切なのです。

経営学や営業推進を主題とする図書には、「売上なくして利益なし」という言葉が掲げられています。銀行において企業の売上に相当するのは貸出です。したがって、銀行においても「貸出なくして利益なし」といえますが、銀行は、「回収なくして利益なし」という言葉があることも忘れないでほしいのです。企業において、売上が貸借対照表に売掛金や受取手形として計上されていても、それが回収でき資金化できないと利益にはなりません。

それと同様に、銀行においては貸出金から貸出金利息が約定どおり入らないと収益は得られません。さらに、貸出金の回収が困難になった場合、利息金額どころか貸出金（元本）が損失になってしまいます。ですから貸出業務においては「回収なくして利益なし」と心得るべしです。

銀行の貸出業務はストック商売ですから、土日や祝祭日でも貸出残高があれば利息収入が得られます。ストックには期限・期間があり、顧客にとっては法的にも「期限の利益」として守られていますが、銀行にとってその期間はリスク要因でもあります。貸出期間内に引っ掛かりが生ずるような不健全な貸出資産であっては困ります。

銀行はバブル期の愚行を繰り返さないために、筆者は推進と審査のバランスは均衡させるか、あるいは49：51の僅差で推進より審査が強いほうが望ましいと考えます。なぜなら、審査に携わる部署・人のほうが、企業の実態をよりよく、より深くみて（診て・看て・視て）考えるポジションにいると思うからです。

　良質で健全な資産を積み上げるため、この第Ⅱ編で学んだ真っ当な考え方で業務を遂行する姿勢が求められます。銀行と担当者は、理性をもって貸出業務の王道を歩むことが重要かつ正しい道であると筆者は信じております。

第Ⅲ編

資金使途別借入申出の検証

企業・個人が借入れまでして資金を必要とする場合、必ずその資金には使途が存在します。貸出業務を行う銀行は、借り手から借入れの申出があった場合は、必ずその資金使途の妥当性（目的・金額）を正確に把握しなければいけません。借り手の説明を鵜呑みにすることなく、またそれをそのまま伝えるのではなく、貸出担当者自らがしっかりとその内容を検証して判断しなければいけません。なぜなら、銀行が貸出業務を行う資金の原資は、預金者から預かった預金であるからです。預金者に預金利息をつけて払い戻しに応ずるためには、いやしくも貸出した資金が回収不能になるような事態に陥ることは厳に回避しなければいけないのです。

　銀行は「信用」が看板です。貸出業務において回収不能な不良債権を多く抱えることで、預金者から預かった預金の払い戻しにかかわる資金繰りに窮するようでは、その銀行に対する「信用」は失墜します。

　銀行が不良債権を作らないためには、貸出業務の実践・遂行において「王道」たる考え方をもち、資金使途を正確に検証することが重要であると第Ⅱ編で述べてきました。本編では、貸出業務の基本である資金使途の検証方法について、資金使途別に解説していきます。

第1章　資金使途把握の重要性

第1節　事例紹介

> 支店長：秋山君、R社宛に月末決済資金として2,000万円を貸したいという内容の相談メモの件だが、もう少し内容を具体的に説明してくれないか。
> 秋　山：今月末の支払いに使うということでした。
> 支店長：従来は手形支払いだったのに、現金で払わなければいけないように支払条件が変わったのか。それとも支手決済資金が不足しているのか。どっちだか知っているか。
> 秋　山：貸出代わり金はすぐに仕入先に振り込むといっていましたから、支払条件が手形から現金に変更になったのかもしれません。
> 支店長：おいおい、そう簡単にいうなよ。支払条件が変わったということは大変なことだぞ。R社はいままで手形で仕入れていたのが、先方から今後は現金でなければ売らないといわれたとしたら、R社の信用状態が悪いということになる。R社の業績はどうなっている。
> 　　　　それとも、仕入先が苦しくなったので、そこを支援する目的の貸付金という可能性も考えられる。秋山君、資金使途が生じた事情・背景についてもう少しくわしく聞き出してほしい。
> 秋　山：わかりました。

前記事例では、R社が月末に資金が必要ということですが、資金需要が発生する背景として考えられることは、以下の三つです。
　① 仕入先に対する支払条件が手形から現金払いに変更されたため。

②　売上不足に伴う当月末の支手決済資金に充当するため。
　③　仕入先支援のために貸付をするため。
しかし、担当者はそれを把握していません。

　R社から2,000万円の借入申出がありましたが、なぜ2,000万円の資金が必要かという理由を正確に把握しなければ、貸出の可否を適切に判断することはできません。なぜなら、①・②・③の使途によって、R社に対する信用状態の判断が異なり、それによって返済原資や返済方法も異なってくるからです。

第2節　資金使途の確認

　顧客から借入申出があるとき、そこには必ず資金需要が発生する理由が存在します。その資金需要の実態を正確に把握することが、貸出判断を行うに際し、最も重要なことです。

　資金需要が発生する実態把握を行うことによって、貸出判断が積極的（前向きな資金使途）か、消極的（後ろ向き資金使途）かに分かれることがあります。またそれによって、返済原資の確認ができ、貸出期間・返済方法等の条件も異なってきます。

　表向きは経常運転資金としての借入申出だが、実際の資金使途は赤字資金であったり、株式や土地購入等の投機資金であったり、あるいは他行借入れの返済に充当する資金、子会社宛貸付金、また設備資金に流用されるというケースも現実に起こっています。

　顧客から借入申出を受けた場合、顧客から説明された資金使途を鵜呑みにして信じたり、漫然とした表面上のチェックですませたりするようでは、貸出業務担当者として失格です。本来しなければいけない基本的動作を怠っていては、当該借入申出について適切な貸出判断は下せません。

　事業性評価に基づく融資を実践するに際して、資金需要が発生する理由や背景を検証しないでは許されません。

真っ当な貸出を行い、良質で健全な貸出資産を作るためには、貸出業務の最初の入口となる資金使途の妥当性と実態把握について、正確かつ綿密に検証することが絶対に必要であり、最も大切なことであるという認識を強くもっていただきたいのです。これが本章の出発点になります。

第3節　資金使途にこだわる理由

　貸出業務に携わる者にとって、真っ当な貸出を行うためには資金使途の検証が大切だということを再三繰り返し述べてきました。なぜ、そこまで資金使途にこだわるのでしょうか。それはいうまでもなく、健全な貸出資産を積み上げるために必要不可欠であるからです。借入申出を審査する銀行にとって、資金使途の確認・検証という作業は、当該貸出が安定的な収益を生む健全な資産になるか、貸出コストを伴う不良債権になるかということを見極める分水嶺という認識であるからです。
　しかし、借り手側が資金使途という問題にそこまでこだわっているとは思えません。必要な資金を調達できればよいという考え方が根底にあり、銀行の審査が通りやすい方法で借入申出をする傾向があります。
　特に中小企業は、後述するように、収支ズレを支える経常運転資金とその他の理由で突然必要となった資金とを分別することなく借入申出をしてくることがあります。資金繰りが苦しくなり借入れが必要となった理由を正しく理解しないで"貸してほしい"といってくる会社があります。あるいは、「資金が必要な本当の理由を正直に銀行にいうと、銀行は簡単には貸してくれない」という思い込みもあり、借りやすい資金使途に偽って資金調達を行おうとする会社もあります。
　具体的なケースを紹介します。
　売上が低迷して資金繰りが苦しい場合、業績が悪いということを自ら銀行に報告したくない企業は、借りやすいといわれる決算賞与資金を利用して、実際に賞与として支払うに必要な金額に上乗せした金額で借り入れるケース

があります。あるいは、土木建設業者は、工事立替資金を複数行から借りて、運転資金に流用するケースもあります。

「性悪説」という言葉があります。第Ⅱ編第3章第2節で、「顧客のことを第一義的に考える」という心構えを書いていながら、一方でこのような言葉は使いたくありません。しかし、現実には、顧客（借りる側）は銀行（貸す側）に対してウソやごまかしをいうことがあります。粉飾決算がそうですし、資金使途を偽ってでも資金を調達しなければいけない顧客の事情があることも事実です。そこで銀行は、不良債権を作らないためには、顧客の説明を鵜呑みにせず、「健全な懐疑心」をもって対処しなければいけません。顧客申出の内容や決算書について、ウソや粉飾があるという先入観をもって検証することは悲しいことですが、貸出審査に携わる銀行員の「性（さが）」として仕方ないと割り切らなければ、自己防衛を図ることができません。

貸出業務に携わる者は、資金使途を検証することで借入申出内容の実態を見抜き、企業の真の資金繰りや業績実態を正確に把握することができます。それによって、債権管理・債権保全について早めに手を打つことが可能になるということを理解しなければいけません。

第4節　資金使途の種類

企業において発生する資金需要によって、銀行は資金使途別におおよそ次のような区分けをしています。

① 経常運転資金
② 増加運転資金
③ 決算資金
④ 賞与資金
⑤ 季節資金
⑥ 工事立替資金
⑦ 肩代わり資金
⑧ 設備資金

本編第2章以下で、前記各資金使途別に、発生要因ならびに借入申出内容の妥当性チェックについて解説します。

第2章　経常運転資金

第1節　運転資金という言葉

1　事例紹介

〈場面1〉

支店長：細谷君、弁護士のY氏に対する貸出の同額継続稟議だけど、資金使途が運転資金と書いてある。弁護士の運転資金って何だね。

細　谷：代々そう書いてあるので、そのまま書いたのですが……。

支店長：自分で疑問に感じなかったのか。「そもそも弁護士の運転資金って何だろうか」と思わなかったか。前任者の稟議書に書いてあることを疑いもなく書き写すと、前任者が間違っていたら、ずっとその間違いを組織的に引き摺ることになっちゃうぞ。貸出担当になったら、前任者が書いていたことでも、顧客がいってきたことでも、それについて検証するという基本動作を身に付けないといけないぞ。まずは必ず自分の頭で考えるクセをつけるように。

細　谷：はい。

支店長：貸出担当者は資金使途を正確に把握しなければいけないと、私があれほど繰り返しいっているのを忘れてもらっては困る。弁護士に運転資金がいるなんて聞いたことがないぞ。じゃあ、いったいここに書いてある運転資金とは何か。当初貸出金を同額継続することを繰り返していたら、いつになったら返済される（回収できる）んだ。ずっと貸しっ放しでいいの⁉　そのために、当初貸出時の稟議書を見直してごらん。資金使途や採上げ理由は何と書

いてあるか、調べてください。

細　谷：はい、わかりました。

──── その後、細谷君がY弁護士宛の当初貸出稟議書をみてわかったことは、弁護士事務所を開業する資金として、不動産賃借時に必要な費用（敷金礼金等）やOA・什器備品購入費に充当する借入申出であった。本来は長期資金貸出で対応すべきところ、Y氏から短期金利の適用を強く迫られ、1年ごとの運転資金継続というかたちをとったことが判明した。

──── 支店長から、約定返済付の長期貸出へ乗り換えるよう交渉の指示が出た。

〈場面2〉

支店長：江藤君、T社宛運転資金の継続というこの案件だけど、ちょっと説明してくれないか。T社は不動産賃貸業だろう。そこに期間1年の運転資金を長期金利で貸し出し、何年も返済なく経常化しているのはどういうことだ。これとは別に期間10年の長期資金も貸出しているね。

江　藤：はあ、僕もこの運転資金貸出はおかしいと思っています。

支店長：おかしいと思って、どうしたの。

江　藤：1年の短期貸出で長期金利を適用し採算はよいので、いままでどおり継続で稟議書を回しました。

支店長：採算がいいから貸しっ放しでいいと思うか。1年ごとに継続する短期貸出に長期金利を適用しているから儲かるというが、継続を繰り返し実態は長期貸出ではないか。いつになったら回収するのだ。

江　藤：そういう話はしたことがありません。

支店長：そもそも不動産賃貸業に収支ズレは発生しないので、運転資金

　　　　は不要なはずだけど、どういう経緯でこの貸出になったのか。過
　　　　去にさかのぼって経緯を調べて報告してください。
　──── T社宛貸出の経緯をさかのぼって調べたところ、長期貸出は賃
　　　　貸ビル建設資金で期間10年・約定返済付で問題はない。1年ごとの短
　　　　期で継続している運転資金と称している貸出は、3年前に納税資金貸
　　　　出として期間6カ月で許容したが、業績が悪化したことで返済できな
　　　　かったため、その貸出の返済を猶予したことがいつの間にか運転資金
　　　　と称して継続していたことが判明した。
　──── 支店長は、もともと納税資金として貸出していたことから、で
　　　　きれば期間6カ月、最長でも1年以内に約定返済付で返すように交渉
　　　　の指示を出した。

2　運転資金という言葉の意味

　前記二つの事例で「運転資金」という言葉が使われています。「運転資金」とは何でしょうか。実は、運転資金という言葉は便利に使われる傾向にあります。借り手側にすれば、借入れの名目資金使途として使いやすく、銀行に資金使途を運転資金というと審査のチェックが甘くなりがちということを経験的に知っているのかもしれません。

　運転資金という言葉は、使う人によっていろいろな意味に解釈されます。

　借り手側からすると、必要な資金はすべて運転資金という言い方にする場合があります。極端にいえば、必要な資金・借りたい資金・ほしい資金のことを運転資金といっているのかもしれません。

　銀行では、運転資金を広義に解するとき、資金使途を問わず、長期設備資金以外に資金繰り上発生するすべての資金調達を運転資金と呼ぶ場合があります。狭義には、本編第1章第4節で区分けした資金使途の①～⑥に係る資金のことを運転資金と呼びます。⑦の肩代わり資金は資金使途とはいいません。企業にとって、肩代わりの対象となる他行からの既存借入にはもともと

の何かの資金使途があって借り入れたものでしょうが、肩代わりする銀行にとって、"肩代わり"は企業の資金使途ではなく、あえていえば銀行の貸出形態といえます。

そして本書における運転資金とは、前記の狭義で呼ぶところの資金使途について運転資金と称することとします。

第2節　経常運転資金とは何か

1　事例紹介

> 支店長：西田君、A社の2億円の経常単名継続の稟議だけど、この貸出は本当に経常運転資金なのか、資金使途と金額の妥当性を確認したことがあるか。
>
> 西　田：これは1年ごとに期日が到来する経常単名の継続稟議です。何年も前から同じように継続している貸出なので、この貸付金の当初申出時にさかのぼって使途を確認したことはありませんが。
>
> 支店長：西田君、貸出担当者は前任者が書いたことを鵜呑みにして、自らやるべきことをやらないようではダメだよ。貸出担当者の君だけでなく支店長の私も、取引先を担当した時点で、過去に行われた他の貸出に関しても責任をもつことになる。「あの貸出を実行したのは自分ではない」といって、「これは前任者がやったから自分に責任はない」というような言い訳と言い逃れは許されない。したがって、これが本当に経常運転資金かどうか、君自身がチェックしなければいけないんだぞ。それが貸出業務を担当する者の基本だ。
>
> 西　田：わかりました。ところで支店長、なぜこの経常単名の継続が問題だと思われるのですか。何か気づかれたことでもあるのでしょ

うか。

支店長：貸借対照表から算出される所要運転資金はおよそ１億4,000万円なのに、経常運転資金としての借入金額は２億円もある。一方、預金は1,000万円しかない。経常運転資金と称している借入れのなかに、本来の運転資金ではない借入れが混入していないかと直感的に感じたので、ちょっと調べておいたほうがよいと思ったのだ。

西　田：わかりました。さかのぼって調べてみます。

────西田君は支店長に指示されたとおり、この経常運転資金の継続稟議書を過去にさかのぼって調べた。そうすると、３年前までの経常運転資金貸出は１億4,000万円であったが、２年前から２億円になり、昨年から２億円で継続されている事実が判明した。従来の経常運転資金貸出に合算されたその6,000万円の資金使途を調べたところ、３年半前に「季節資金」として期限一括返済で許容した期間６カ月の貸出であることが判明した。

────支店長は、もともと季節資金貸出であった6,000万円を経常運転資金から選り分け、あらためて期間と返済方法についてＡ社と話し合うように西田君に指示を出した。

　貸出担当者の多くは経常運転資金としてすでに許容している貸出について疑問をもつことは少ないと思われます。経常運転資金は一般的には経常単名として手形貸付の継続で支援している場合が多い貸付金です。これは企業活動に必要な必須資金であり、何年も前から支援を続けてきている貸出であるということから、継続に際しては、資金使途をあらためて確認することなく、金額の妥当性も検証することなく継続支援されています。

　それは既存貸出の継続という簡単な稟議書作成ですむため、どうしても経常運転資金貸出継続時において事業性評価のチェックは甘くなりがちです。

　しかし、前記事例のごとく、経常運転資金の取引が継続されるうちに、い

つの間にか、返済に困った季節資金や賞与資金がなし崩し的に経常運転資金に混入されているケースをみかけます。本来は短期で返済されるべき季節資金や賞与資金が、経常運転資金に合算されたときから返済を求められない姿に変わっているのです。前記例のように、返済すべき季節資金が混入していることが判明した時点で、経常運転資金と区分して管理し、本来の返済を求めなくてはなりません。経常運転資金としての貸出金額は、原則としてバランスシート上で算出される所要運転資金の金額範囲内でなければいけません。その経常運転資金金額を大きく超える経常運転資金貸出がある場合、前記のごとき季節資金や賞与資金の一時的混入以外にも、債務者における不良債権の存在や不良在庫の発生、預金との両建、あるいは固定資産を支えるための資金流用等が考えられます。

したがって、経常運転資金の期日到来に際しては、安易に同額で継続することなく、金額の妥当性について自ら検証する姿勢が大切です。そのためには、以下のように確認することが大切です。

① 当該経常運転資金貸出の当初貸出までさかのぼり、途中から他の目的で借入れした資金が混入していないかのチェック。

② バランスシート上で算出される経常運転資金を上回る借入金額の使途のチェック。

貸出業務に携わる者にとって、経常運転資金を正しく理解することが真っ当な貸出を行う第一歩であるという認識をもっていただきたいのです。この基本をしっかりと身に付けることが大切です。

2　経常運転資金の概要

企業が、仕入―生産―販売という企業活動を行うために必要な資金を運転資金といいます。原材料の仕入購入資金や従業員の給料、生産・販売に必要な諸経費の支払いに充てる資金です。運転資金と呼ばれる資金は、仕入―生産―販売という企業活動が一巡することで回収されるべき性格のものですが、実際の企業活動は継続していることから、企業は必要な在庫や売掛金な

どを常時支えることが経済的に必要です。

　すなわち、売上代金による資金回収に要する期間や在庫としてもっている期間が、仕入債務の支払いに要する期間より長い場合、その差額を維持するために一定の資金が必要になるわけです。これが経常運転資金といわれるものです。

　したがって、経常運転資金借入れは企業活動の維持のために必要不可欠な必須資金といえます。

　経常運転資金は企業の創業時から発生する必要資金です。そして、企業の成長に伴い売上や在庫が増加すると、新たに増加運転資金が発生し、その売上が平準化・安定化すると、増加運転資金は経常運転資金として転化されます。したがって、新たに設立された当初の企業でない限り、経常運転資金借入れが新規に発生することは理論上ありえません。

3　経常運転資金の金額把握：基礎編

　企業にとって必要な運転資金はいくらかを実務的に把握し、運転資金借入金額が妥当であるかをチェックする必要があります。運転資金は貸借対照表から次のように算出します。

　　　運転資金＝（売掛金＋受取手形(注)＋在庫）－（買掛金＋支払手形）

　　（注）　受取手形には割引手形と譲渡手形を含みます。

　上式における「売掛金＋受取手形」を売上債権、「買掛金＋支払手形」を支払債務といいます。この差額のことを一般的に「収支ズレ」と呼びます。したがって、運転資金とは「収支ズレ＋在庫」ともいうことができます。

　具体的な算出方法を三つのケースで説明します。

　(1)　**主要勘定の残高から算出する**

　A社のX月末時点の主要勘定残高が次のとおりだとします（金額単位：百万円）。

（借方）		（貸方）	
売掛金	200	買掛金	160
受取手形	500	支払手形	400
在庫	240		

※割引手形　　0

この場合の運転資金は、以下のように算出できます。

　（売掛金＋受取手形＋在庫）－（買掛金＋支払手形）＝運転資金

　（200＋500＋240）－（160＋400）＝380（百万円）

(2) 回転期間に基づき算出する

主要勘定残高は、月商と回転期間の積として表わせます。

すなわち、以下のとおりです。

　回転期間＝各勘定残高÷平均月商

　→　各勘定残高＝平均月商×回転期間

このことから、運転資金は以下のように書き換えることができます。

　（売掛金＋受取手形＋在庫）－（買掛金＋支払手形）

　＝（月商×売掛金回転期間）＋（月商×受手回転期間）

　　＋（月商×在庫回転期間）－（月商×買掛金回転期間）

　　－（月商×支手回転期間）

さらにこの式は、以下のように展開できます。

　＝月商×（売掛金回転期間＋受手回転期間＋在庫回転期間

　　－買掛金回転期間－支手回転期間）

A社の平均月商を180百万円とすると、

　売掛金回転期間：200÷180＝1.11（カ月）

　受手回転期間：500÷180＝2.78（カ月）

　在庫回転期間：240÷180＝1.33（カ月）

　買掛金回転期間：160÷180＝0.89（カ月）

　支手回転期間：400÷180＝2.22（カ月）

よって、運転資金は、以下のようになります。

$180 \times (1.11 + 2.78 + 1.33 - 0.89 - 2.22) = 180 \times 2.11 ≒ 380$(百万円)

(3) 取引条件から算出する

各勘定残高は取引条件から計算できます。その式は以下のとおりです。

売掛金＝平均月商×売掛回収率×売掛サイト

受取手形＝平均月商×受手回収率×受手サイト

買掛金＝平均月商×買掛支払率×買掛サイト

支払手形＝平均月商×支手支払率×支手サイト

回収条件と支払条件がわかれば、各々の勘定残高は次のように算出することができます。

〈回収条件〉

売掛金：$200 \times 80\% \times 1$カ月＝160

受取手形：$200 \times 80\% \times 70\% \times 2$カ月＝224

〈支払条件〉

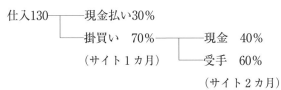

買掛金：$130 \times 70\% \times 1$カ月＝91

支払手形：$130 \times 70\% \times 60\% \times 2$カ月≒109

したがって、運転資金は以下のようになります。

（売掛金160＋受手224＋在庫）－（買掛金91＋支手109）

＝（収支ズレ184＋在庫）

4　経常運転資金の金額把握：応用編

　経常運転資金金額の把握・計算は、一般的には前記(1)のように主要勘定の残高から算出します。多くの地銀においても、稟議書に添付する経常運転資金算出ワークシートも主要勘定の残高から求める様式になっていると思います。

　(2)のように、経常運転資金金額は回転期間に基づき算出することもできますが、この方法を用いることはあまりありません。それは、回収条件は販売先ごとに異なり、支払条件も仕入先ごとに異なるため、上記(2)のように単純な計算（販売先・仕入先を1社と仮定している）で求めることはできません。

　したがって前述した運転資金の算出方法は、財務分析の教科書的な方法ということですが、考え方を理解することは大切です。顧客との話のなかで回転期間という言葉はまず出てこないでしょう。しかし実務に携わっている貸出担当者は、日頃の顧客との会話のなかから回収条件や支払条件の情報を聴き出すことも重要です。特に、新規取引を獲得するために訪問を繰り返している顧客に関して、決算書をもらえない状況で実態を把握するためには、次のようなヒアリングを行うことによって推定バランスシートを作ることができ、実態把握に繋がります。

支店長：酒井君、新規の取引をお願いしているＤ社にはどういう切り口
　　　　で取引のキッカケを作ろうと考えているのかね。
酒　井：決算書もまだもらえていないので、どうしたらいいか……。
支店長：業績は伸びているようではないか。
酒　井：そうです。売上が好調という話は聞いています。だから増加運
　　　　転資金の需要が出てくると思うのですが……。
支店長：だいたいでいいからＤ社の運転資金がいくらくらいかわかるか
　　　　な。
酒　井：まだ決算書をもらっていないのでわかりません。

支店長：だいたいの数字でいいよ。

酒　井：ええっと……。

支店長：決算書がなくても、おおまかな数字はつかめるぞ。次のことをヒアリングしてくれないか。そうすれば主要な勘定の残高が想定され、増加運転資金という切り口で提案できるかもしれないぞ。

酒　井：どういうことを聞いたらいいんですか。

顧客との話で次の諸点をヒアリングすることで、推定バランスシートを作ることができます。以下の例題を参考にしてください。

〈D社からのヒアリング事項〉

平均月売上高	100百万円
平均月仕入高	80百万円
回収条件	現金売り10％、残りは15日締めで翌月末に現金40％、3カ月手形60％
支払条件	現金買い30％、残りは月末締めで翌月末に現金20％、3カ月手形80％
在庫	売上の1カ月程度
短期借入れ	180百万円

まず運転資金を算出するのに必要な各勘定の残高を出します。

売掛金：月売上高×売掛回収率×売掛サイト
　　　　$100 \times 90\% \times 2\text{カ月} = 180$

受取手形：月売上高×受手回収率×受手サイト
　　　　$100 \times (90\% \times 60\%) \times 3\text{カ月} = 162$

在庫：月売上高1カ月程度
　　　　$100 \times 1\text{カ月} = 100$

買掛金：月仕入高×買掛比率×買掛サイト
　　　　$80 \times 70\% \times 1.5\text{カ月} = 84$

支払手形：月仕入高×支手比率×支手サイト

$$80 \times (70\% \times 80\%) \times 3\text{カ月} = 134.4$$

以上に基づき貸借対照表を作成すると次のようになります(金額単位:百万円)。

(借方)		B/S	(貸方)	
売掛金	180		買掛金	84
受取手形	162		支払手形	134.4
在庫	100		所要運転資金	223.6
			借入	180
			調達不足	43.6

上記推定貸借対照表による運転資金は以下のようになります。

$(180 + 162 + 100) - (84 + 134.4) = 223.6$

現状の短期借入額が180ということは、43.6(=223.6−180)の運転資金不足(=増加運転資金発生)ということが推定されます。

このことから、40百万〜45百万円の増加運転資金借入れ(貸出)の提案を行うことができます。

5　短期借入金額と経常運転資金借入金額

一般的に貸借対照表では、経常運転資金借入金額は短期借入れという項目のなかに包含されています。たとえば以下のとおりです(金額単位:百万円)。

(借方)		(貸方)	
売掛金	100	買掛金	80
受取手形	150	支払手形	150
在庫	120	短期借入れ	200
※割引手形	0		

この貸借対照表で所要運転資金は140((100+150+120)−(80+150))と算出されますが、200百万円の短期借入れがあります。まず、ここで注意すべきことは、所要運転資金額と短期借入金額とは直接的には関係はありません。短期借入れのなかは、経常運転資金借入れのほかに、季節資金借入れや

決算賞与資金借入れが入っている場合もあるからです。

　短期借入れの全額が経常運転資金借入れとして存在する場合、その差額60百万円の使途は何かという疑問が生じ、そしてそれを追求した結果、本来はすでに返済されていなければならない季節資金が混入して、経常化している……。このような一つのケースはすでに取り上げました。

　また、次のように考えることもできます。

　本節1の事例で算出された運転資金は140百万円に対して、経常運転資金借入額が200百万円であることは大きいという見方をしましたが、一概にそうともいえない場合もありえます。それは、現預金残高が大きくある場合です。「通常の現預金残高（流動負債比20～25％）＋60百万円」の現預金がある場合、200百万円の経常運転資金借入金額は借入過多とはいえません。その理由は、過去における増加運転資金借入れの調達金額が実際の増加運転資金より多目に借入れ(注)し、その累積合計額に近い金額が預金に存置されている場合も想定されるからです。

（注）　過去、増加運転資金が計算上15百万円で算出されたが、20百万円で借り入れた場合、5百万円が実質両建のごとく預金に存置され、これが累積して60百万円になったことも考えられます。

第3節　経常運転資金貸出の継続

1　事例紹介

〈場面1〉

> 支店長：西田君、A社の1億4,000万円の経常単名継続の稟議だけど、所見がずいぶんと簡単だね。担当者としてどういう検討をしたの。
> 西　田：正直に申しまして、特に検討はしていません。これは1年ごと

　　　　に期日が到来する経常単名の継続稟議です。以前から、継続だからということで、簡単にすませています。特に新しい所見を書くこともないと思い、中身の検討はしていません。
支店長：西田君、貸出担当者として手抜きは感心しないぞ。事務的には貸出の継続かもしれないが、１年の短期貸出を回収して、折返しに新たな１年の短期貸出を許容すると考えれば、やらなければいけないことはあるはずだ。なぜなら、Ａ社の１年前と現在とでは業績面で変化があったはずだからだ。そのチェックを怠ってはいけない。経常運転資金の継続時にこそ、Ａ社の１年間の業績をしっかり確認しなければいけないぞ。
西　田：はい、たしかにそうですね。いままでは「経常単名継続」という一言で稟議を回していました。支店長が仰ることはよくわかります。忙しかったので、継続稟議は手抜きをしてしまいました。
支店長：貸出業務は大切な仕事だ。一つの手抜きが大きな実損事故に繋がることにもなりかねない。業績悪化に気づくのが遅くて、債権保全の対応が遅れてはまずい。最近のＡ社の業績をみるとよくない。
　　　　この３年間の業績は減収減益を続けている。特に売上は不振で３年間で２割も減っている。ということは、いままでどおりの経常運転資金借入れがいるのか、減少運転資金の発生は……。こんな疑問をもって検証してもらいたい。
　　　　予想以上に業績が悪いようであれば、早めに方針や対策を講ずる必要が出てくるはずだ。
西　田：わかりました。この１年間の業績と実態を見直します。

〈場面２〉

支店長：武田君、Ｂ社の経常単名継続の件だけど、どうして同額で継続

するの。

武　田：え。継続ですから同額では……。

支店長：経常運転資金だからといって、必ず同額で継続するという規則はないぞ。資金を貸し付けていることに変わりはないのだから、貸付担当者として債権管理はしっかり行わなければいけない。B社の業績はこの3年よくないではないか。売上が大きく落ちてきているならば経常運転資金もいままでのようには必要としないはずだ。それ以上に気になるのは、主力の甲銀行の経常単名の残高推移をみると減ってきている。君は気づいているか。甲銀行からの経常運転資金には昨年から約弁がついているようだ。結果的に当行の貸出シェアが相対的に大きくなっているぞ。これはどういうことかな。見逃すわけにはいかないと思うが……。

武　田：今回の継続に際して、甲銀行からの借入残高を月次にヒアリングして初めてわかりました。

支店長：他行の借入残高は毎月ヒアリングすることが原則だろう。1年分をまとめて聞いて、初めて甲銀行の貸出減少を知るようではダメだ。

　　　　武田君、取引先の実態把握や他行の動きをみることは大切なことだ。経常運転資金貸出を1年に1回継続するとき、形式的な稟議ですませることは感心しない。主力の甲銀行は、B社の業績に不安を感じて、B社宛貸出を消極的方針に変えたかもしれない。当行だけがB社の実態把握に遅れて、B社宛貸出が引っ掛かるようなことになったら大変だ。他行の動向も気になるので、もっとしっかりB社の実態把握を行ってほしい。

武　田：はい、わかりました。

2　経常運転資金貸出継続に際しての認識

　〈場面１〉〈場面２〉ともに、経常運転資金の継続に際して、安易に稟議書を回していることについて支店長は忠告しています。経常運転資金の継続といえども安易に考えず、業況変化に伴い所要運転資金に変化はないかという視点で（場面１）、また他行動向の変化にも目を配って管理する（場面２）ことが必要です。

　経常運転資金を把握する場合、自行だけでなく、他行からの借入金額を含めた管理・チェックが必要です。他行からの借入残高は、本来は毎月、資金使途別に聴取することが原則です。他行借入れの月次残高を１年分をまとめて聴取したとき、初めて他行の不自然な動きをキャッチしたのでは、対策が手遅れになってしまう可能性があります。

　経常運転資金の期限が到来すると、多くの場合「継続」（あるいは折返し資金による実行と返済）対応を行います。新規に貸出金額が増えないことから、安易な手続ですませようとする貸出担当者がいます。しかしここは、基本に則った貸出判断をする必要があります。

　１年ごとの継続であれば、①直近１年間の業績はどのように推移しているか、②経常運転資金額は業績変動によって所要金額に変化はないか、③他行からの借入れに変化はないかの３点は、少なくともチェックしなければいけません。

　貸出業務ではいろいろな資金使途に接しますが、経常運転資金貸出を通して企業の実態を知ることが基本であり、これがやさしいようで奥が深いところです。設備資金や季節資金、決算賞与資金などは「つど」的性格の貸出ですが、経常運転資金貸出は企業と銀行を結ぶ基本的繋がりの原点であるといえます。それだけに、あらゆる資金使途のなかで経常運転資金貸出が貸出業務の基本に位置する大切なポイントといえます。

第4節　経常運転資金に関する議論

1　経常運転資金の長期貸出による採上げ

西　田：経常単名を1年ごとの継続稟議で続けているなら、3～5年の長期資金で対応してはいけませんか。

支店長：経常単名が1年ごとに継続を繰り返しているのは実質的には長期だから、長期貸出で対応したほうが、稟議を書く回数も減って面倒ではないと思ってのことだろう。

西　田：それもありますし、長期貸出ならば金利も高くとれます。

支店長：たしかにそうだ。しかし、そういう考え方は間違いだ。なぜ間違いだかわかるか。

西　田：……。

支店長：稟議する手間が減るというのは、事務的な合理化といえるが本質的なことではない。たしかに、金利を高くすれば収益もよくなる。しかし、これも本質からはずれた議論だ。貸出業務の最大の要諦は債権保全にあるということを肝に銘じてほしい。

　　　　債権保全に本質を置いて考えた場合、短期貸出の継続で5年間許容することと、5年の長期貸出で対応することの違いは何か。いちばんのポイントは「期限の利益」だ。期間5年の長期貸出を許容するというのは、顧客に5年間の期限の利益を与えることになる。もし、その期間中に業績が低迷し、貸出取引方針等を消極的に変更せざるをえない場合になったとき、期限の利益を盾にされることで対応に遅れが生ずる懸念がある。1年の短期貸出であれば、1年間ごとに決算・業績をみながら、継続の可否判断ができる。

　　　　また、長期貸出で応ずる場合、返済方法は約定返済付が原則で

> あるため、期間中に貸出残高が減少する。このことは経常運転資金が不足することになり、期中に折返し資金というかたちで貸出実行をしなければいけなくなる。ならば、事務の合理化になるとはいえない。

　経常運転資金貸出は1年の短期貸出を毎年継続し、返済を求めないことから、実態は長期であると認識し、ならば経常運転資金は長期貸出で対応してもよいのではないかという議論があります。実際、経常運転資金貸出は長期貸出で対応している銀行もあります。

　経常運転資金貸出の採上げ方法は、手形貸付がよいのか、長期貸出で対応するほうがよいのか。どちらが正しいといえませんが、筆者は手形貸付で採り上げるほうが望ましいと考えます。

　その理由は以下の4点です。

① 　経常運転資金の算出は1年ごとの決算、貸借対照表に基づき算出します。その金額の有効期限ともいえる妥当性は次の決算までです。すなわち、経常運転資金の金額は1年ごとに変わります。言い換えると、経常運転資金の金額は企業業績の変化に結びつくものであり、貸出債権を管理する立場にいる者は、債権管理・債権保全面からその動きに敏感でなければいけません。少なくとも企業の決算に合わせて1年に最低1回は決算書の分析を踏まえ、経常運転資金の金額の妥当性について検討を行わなければなりません。その意味で、業績チェックの必要頻度に合わせるかたちで、期間1年（あるいは6カ月）の短期貸出で対応するほうが好ましいと考えます。

② 　長期貸出で対応する経常運転資金金額の根拠は、ある時点の貸借対照表で算出された金額ですが、翌年・翌々年の決算でもその金額が妥当であるとはいえません。言い換えると、長期貸出で対応する経常運転資金金額を算出する計算式（方法）はありません。ということは、長期貸出で採り上げる金額が貸出期間の経常運転資金の金額であると

いう妥当性も算出根拠も不明瞭であるということです。

③　さらに、長期貸出で採り上げると約弁をつけますので、当初貸出金は減っていきます。そもそも経常運転資金は必要な必須資金であり、約弁が進むことは必要金額と資金繰りに支障が生じます。約弁進捗に伴う必要金額の不足については、ある程度までは営業売上の現金で繰り回せますが、いずれかの時点で限界がきます。それに対して「折返し資金貸出」というかたちで、再び当初貸出金額まで許容することになります。しかし、当初貸出実行時から1年以上が経過し、直近の決算では売上が大きく減少し、減少運転資金が発生しているのにもかかわらず、当初貸出金額まで許容することは正しいでしょうか。事業性評価を見直すことをせず、新たなリスクを考えないで必要以上の金額を貸すことは正しい行為とはいえません。

④　経常運転資金を長期貸出で対応した場合、貸出期間（たとえば3～5年）の期限の利益を与えることになることから、貸出期間中に業績悪化で対応しなければいけないとき、対策をとるタイミングが遅れる事態も予想されます。その意味で、業績チェックの必要頻度に合わせるかたちで、期間1年（あるいは6カ月）の短期貸出で対応するほうが好ましいと考えます。

2　経常運転資金の当座貸越（極度）による採上げ

経常運転資金貸出を当座貸越（極度）で採り上げている銀行もあります。もちろん、その採上げ方は間違っているとはいいませんが、決して望ましいとはいえません。そもそも、経常運転資金を当座貸越（極度）で採り上げることについての良し悪し、あるいはその問題点を考えたことがある人は少ないのではないでしょうか。

当座貸越（極度）は手形貸付に比べて、借入人にとっては収入印紙代が少なくてすむ、極度額範囲内で資金を自由に使えるというメリットがあります。銀行は借入人から当座貸越（極度）の設定申出があったとき、法律的側

面を考えずに、その申出に応じているようです。

そこで、当座貸越（極度）で採り上げることの問題を考えてみましょう。

当座貸越で極度を設定すると、銀行は極度額まで貸出を行う義務が生じます。したがって、借入人が極度額の範囲内で借入れする際、銀行は特段の理由がない限りそれを拒むことはできません。銀行が極度額の範囲内で貸出を拒むことは債務不履行とされ、民法415条により銀行は損害賠償を請求されます。すなわち、当座貸越（極度）においては、借入人は自由に利用でき、銀行は資金使途の把握をすることはできません。言い換えると、当座貸越（極度）を許容することは、資金使途の検証が行われない貸出を行うということになります。

また、当座勘定貸越契約には、極度減額、極度解約の条項が定められていますが、極度減額、極度解約を行うには銀行側に「相当な事由」がなければできません。たとえば、借入人の業績が悪化したとか、決算で赤字になった、等々の理由は、銀行の都合や一方的な事情による「権利の濫用」とされ、借入人の同意が得られなければ極度減額、極度解約はできません。銀行側の「相当な事由」とは客観的にみて社会通念上やむをえない場合とされ、たとえば、債務超過に陥った場合、不渡り（1回目）を出した場合、他の借入れに延滞が生じた場合などが考えられます。

このように当座貸越（極度）を許容する際は、正常先であることはもちろん、安全性・収益性・成長性の3原則の視点をもって、許容の可否と極度額の検討を慎重に行う必要があります。ところがバブル期の悪しき習慣として、経常運転資金の金額を大きく上回る極度額を設定し、極度額の未使用枠がある状態を続けているケースをみます。これは債権保全という見地からリスクとなりますので、経営が健全な状況のうちに、実残まで極度額を減らすことが賢明かと思います。

3　経常運転資金貸出の返済・約弁

川　田：支店長、いつも疑問に思っていることですが、経常運転資金として許容している経常単名は返済を求めない貸出なのですか。

支店長：取引先の業績が順調であるならば、経常単名の返済を求める必要はない。取引先にとって、企業活動を行ううえで必要な経常運転資金を支えている貸出に返済を求めることは、企業にとってハシゴをはずすような行為になる。

川　田：それは経常単名の返済原資はないということですか。

支店長：返済原資と返済とは次元が異なる話だ。経常単名を返済しようと考えた場合、返済原資は企業活動による営業収入ということになる。しかし実際上は、経常運転資金は企業にとって不可欠な財務構成上の借入れだから、営業収入で経常単名を返済すると、同時に同額の借入れ（折返し資金）が生ずることになる。

川　田：売上に大きな変動がない場合、あるいは回収条件・支払条件に大きな変化がなければ、経常運転資金としての経常単名借入れは同額で継続されるということですね。では、経常単名に約弁を付することは考えられませんか。

支店長：業績が悪化しない限り、企業の所要経常運転資金が少なくなることはないので、約弁返済を求める必然性はない。

川　田：それはわかります。でも、他の取引先で、他行が経常単名に約弁を付与している例がありますが……。

支店長：取引先の業績が悪化し、貸出圧縮という方針が出た場合、裸与信を減らすというねらいから経常単名に約弁を付与することもある。貸出圧縮という方針が出れば、本来は経常運転資金といえども期限に返済を求めることになる。取引先の資金繰りを心配するより、自行の債権保全を優先して考えなくてはいけない局面に

> 至った場合は、経常運転資金でも返済を求める。しかし、一挙に返済を求めることで、取引先の資金繰りが成り立たず、倒産する懸念があるようなとき、銀行としては倒産の原因となる引き金は引きたくないという意識から、徐々に返済を求めるというかたちで約定返済をつけることがある。経常単名に約弁付与することは、取引先との関係を悪くすることに繋がりかねないので慎重な対応が必要だと思う。

(1) 本来の経常運転資金の場合

　当該貸出先企業の業績が順調であり、貸借対照表から算出される運転資金の金額に大きな変化がみられない場合、経常運転資金貸出の期限が来たからといって返済を求める必要性はありません。

　しかし、業績が悪化し、債権保全面で懸念が生じた場合、経常運転資金の期限到来時に返済を求めることは当然にありえます。それは、取引先の資金繰り上の問題より、自行の債権保全を優先するに値する事情がある場合に起こりえます。

(2) 経常運転資金に他目的の借入混入が判明した場合

　前述した事例のように、本来の経常運転資金貸出に過去に許容した他の貸出（たとえば季節資金等）が混入している場合があります。これについては、本来の資金使途に従い、他目的で許容した貸出は経常運転資金貸出と別管理で取り出して返済を求めることは当然です。

　「すでに混入し経常化しているならば、返済を求めないでよい」、あるいは「貸出残高が維持できたほうが利息収入が大きくなるのだから、混入した季節資金貸出をあえて問題視し、別に取り出して返済を求めることはない」という意見をいう人がいます。しかし、これは明らかに貸付業務の本質を見誤っています。

　そのように思うのは、目の前の収益だけを考えるからです。貸付業務によって銀行の本源的資金収益が安定的に入るためには、当該貸出先企業が健

全でなければなりません。また貸出資産が健全でなければなりません。季節資金の返済ができなかったという事実は、業績面と資金繰り面で懸念がある企業であるとみざるをえません。その点を見逃した議論は間違いです。

　期限に返済されるべき貸出金が返済されず経常運転資金に混入するということの本質は、取引先の事業が計画どおりにいっていないということです。すなわち、取引先の業績が悪化する懸念が存在するという状況下で、返済原資のメドがないまま、担保もない貸出金として残すということは、債権管理上のリスクを抱えるということにほかなりません。

　経常運転資金貸出のなかに好ましくない貸出が混在している事実がわかったとき、筋論として返済を求めるべきです。返済原資に乏しく、すぐには返済ができないという場合、その資金使途に適合する貸出形態（期間・返済方法・担保）に見直し、支援・管理することが望ましいでしょう。

4　経常運転資金の返済原資

川　田：先ほど、支店長は「返済原資と返済とは次元が異なる話だ。経常単名を返済しようと考えた場合、返済原資は企業活動による営業収入だ」と仰いました。実質的には短期貸出を継続して返済を求めないといっていることとの関係についてもう少し教えてください。

支店長：経常単名を返済しようと考えた場合、返済原資は企業活動による営業収入ということになる。営業収入による返済とは、貸借対照表における売上債権が確実に回収される限り、支払債務との差額に相当する運転資金はいずれ返済されるということを意味する。実際の資金繰りにおいて、営業収入で経常運転資金借入れを返済すると、経常運転資金が財務構成上必須の資金であるため、返済に相当した金額の折返し資金が発生することになる。そういう実態を考えると、「返済─折返し貸出」を繰り返すのではな

　　　　く、継続することで対応するほうが実務的に望ましいといえる。
川　田：増資をすれば、その払込資金も経常運転資金の返済に充当でき
　　　　ますよね。
支店長：増資払込資金は設備投資資金として使うか、固定負債（長期借
　　　　入れ・社債）の返済に充当する場合が多いが、自己資本比率が高
　　　　い企業では、そのようなことも考えられる。また、経常運転資金
　　　　が減少する要因としては次の五つが考えられる。
　　　　　①　増資したとき（＝自己資本比率のアップ）
　　　　　②　売上債権回転期間が短くなったとき（＝売上債権の減少）
　　　　　③　棚卸資産回転期間が短くなったとき（＝在庫の減少）
　　　　　④　買入債務回転期間が長くなったとき（＝買入債務の増加）
　　　　　⑤　売上が減少したとき

　経常運転資金の返済原資は営業収入が原則です。ただし、売掛金や受取手形がなんらかの事情で回収されない場合は、経常運転資金は営業収入で返済できなくなります。ここで大切なことは、経常運転資金の継続時に、売上債権のうちの回収できない金額が大きいことに気づかないまま継続すると、いざとなったとき経常運転資金の返済は滞ります。したがって、経常運転資金の継続時には、営業収入になる売掛金や受取手形に回収不能なものはないか、あるいは在庫のなかに販売不能な不良在庫（商品）はないかについてチェックする必要があります。

　そのチェック方法は、税務署に提出した決算書に添付されている勘定科目内訳明細書（第Ⅳ編第2章参照）です。売掛金と受取手形の勘定科目内訳明細書を2期分照らし合わせてみて、回収できていない売掛金・受取手形をチェックすることで、回収不能な不良債権の存在がわかります。

5　経常運転資金が減少した場合

　売上が減少した場合、受取手形や売掛金も減少することから貸借対照表か

ら算出される運転資金は減少します。

　理論的には、経常運転資金貸出は運転資金の範囲内でなければならないという原則に照らし合わせれば、従来許容していた経常運転資金貸出は減額して継続する対応が筋です。

　この場合、売上の減少が一時的であり、売上の回復が見通せるという認識であれば、細かく経常運転資金貸出を減額継続する必要はないと考えます。なぜならば、売上が元の水準に戻れば経常運転資金も元の水準に戻るからです。

　ただし、売上の減少が続くという見通しの場合は、債権管理・債権保全上も経常運転資金貸出は減額継続するべきです。

6　逆収支

　貸借対照表から算出される運転資金がマイナスになるケースがあります。これを逆収支といいます。

　たとえば、C社のX月末時点の主要勘定残高をみましょう（金額単位：百万円）。

（借方）		（貸方）	
売掛金	0	買掛金	80
受取手形	100	支払手形	150
在庫	120		

この場合の運転資金は以下のようになります。

　（売掛金＋受取手形＋在庫）－（買掛金＋支払手形）＝運転資金

　（0＋100＋120）－（80＋150）＝▲10百万円

　経常運転資金がマイナス（▲）の場合、経常運転資金借入れのニーズは存在しません。これは小売業や建設会社などにみられるケースです。

　ところが、運転資金が逆収支でありながら、経常運転資金と称する借入れをしている企業を時おりみかけます。本来は、借入申出があった際、資金使途の検証段階でこれを見抜かなければいけませんが、往々にしてこういう

ケースに遭遇します。そのときは、この短期借入金が何に使われているか（資金使途）を調べる必要があります。こういうケースでは、運転資金と称して、ゴルフ会員権や株式、絵画美術品等の購入、あるいは関係子会社宛の貸付金などに充当されているケースが多いようです。そのような貸出金の返済原資はそれを処分しなければ返済は困難であることが多いのです。

　資金使途を偽って借入れした事実が露見した場合、それは銀行取引約定書の「期限の利益の喪失」（②請求喪失「取引約定の違反」に該当）に照らし当該貸出金は回収するのが原則です。貸出残高の維持を図り、利息収入を得るために問題貸出と承知しながらも放置する考えはよくありません。

第3章　増加運転資金

　企業活動において、売上の拡大や取引条件の変更等によって生ずる新たな運転資金のことを増加運転資金といいます。売上高が増加したとき、取引条件に変化が生じたとき、また在庫が変動したとき、これらの動きは貸借対照表において、売上債権増、在庫増に繋がり、従来の経常運転資金を上回る所要金額が必要になります。

　増加運転資金の申出を受けたときの分析にこそ、貸出判断の基本が凝縮されているといえます。その基本とは、資金需要発生要因と所要金額の妥当性についてしっかりと検証することが求められるということです。

第1節　事例紹介

〈場面1〉

支店長：中川君、K社の増加運転資金は本当に2,000万円もいるのか。その数的根拠をみせてくれないか。

中　川：はい、以下のとおりです。

（単位：百万円）

	4月	9月
売掛金	100	130
受取手形	150	170
在庫	120	150
計	370(a)	450
買掛金	80	110
支払手形	150	180
計	230(b)	290

所要運転資金(a)−(b)

140 ——▶ 160 （+20）

↑増加運転資金

支店長：なぜ、4月と9月で比較しているのかな。普通は3月と9月で比較するか、あるいは前年9月と今期9月で比較するべき。9月は中間の決算月だから平常月より売上が大きくなくなる傾向がある。
　　　　S社は、あえて平常月と期末月との売上の差を比べることで、恣意的に増加運転資金が発生するというシナリオを作って、なんらかの意図で資金調達を行おうという魂胆ではないか。
中　川：ううん。そうですかね。
支店長：4月と9月の売上を比較すれば、9月の売上が大きいことはわかっているはずだ。S社の売上の季節的変動はどうなっている。
中　川：昨年の月次売上高をみますと、3月と9月の売上が他の月の平均月商より20〜30％高くなっています。
支店長：ならば4月と9月を対比して増加運転資金が必要とは言い切れないだろう。懸念すべきことは、なんらかの資金需要があると思われるのに、それを隠して、増加運転資金と偽って借りようとすることだ。
中　川：どうしてそれが問題になるのですか。
支店長：増加運転資金として許容するということは、いずれ従来の経常運転資金に上乗せされ経常化する。そうなると経常運転資金の継続という貸出に包含されてしまう。
　　　　もしかすると後ろ向きの資金需要なのかもしれないのに、返済を求めない経常運転資金で貸出することになっていいものか……。こういうことが問題になる。
中　川：わかりました。では、3月・9月の対比でみます。
支店長：そうだな。あるいは、下期（10〜3月）と上期（4〜9月）の平均月商で比較してみてごらん。
　　　　そこで増加運転資金の需要が見当たらない場合、率直にS社に聞いてみたらどうだろうか。2,000万円の資金使途は何かという

ことを……。

中　川：はい、そうします。

〈場面２〉

支店長：小山君、Ｋ社の増加運転資金は本当に2,000万円もいるのか。
　　　　その数的根拠をみせてくれないか。

小　山：はい、以下のとおりです。

（単位：百万円）

	３月	９月予想
売掛金	100	130
受取手形	150	170
在庫	120	150
計	370(a)	450
買掛金	80	110
支払手形	150	180
計	230(b)	290

所要運転資金(a)－(b)

140 ──→ 160　（＋20）

↑増加運転資金

支店長：９月の数値は予想値だね。この予想どおり、９月に売掛金が
　　　　130、受取手形が170になるのか。

小　山：社長はそのようにいっています。

支店長：社長がそのようにいっているのはわかった。しかし、貸出担当
　　　　者として、その話は信じられるのかどうか自ら考えたのか。君に
　　　　聞きたい。

小　山：社長があれだけいっているのですから、それを信じるしかない
　　　　と思いますが……。

支店長：いいか小山君、このＫ社の最近の売上実績はどうなっている。
　　　　２年前から売上が伸び悩んでいるだろう。昨年の売上実績は前年
　　　　対比で90％に落ちている。この上期に入っても、月次売上は前年

　　　　同月比でほとんど100％を切っている。
　　　　　それなのになぜ、９月だけ売上が伸びると予想するのか……。不思議に思わないか。
小　山：そういわれましても。
支店長：「そういわれましても」じゃないよ。顧客の話を鵜呑みにしてはいけない、健全な懐疑心をもって自ら考え、検証することが大切だということを忘れてもらっては困る。
　　　　　直近２年間の売上実績からみると、９月に突然売上が突出するのが不自然に思ったので、その疑問を担当の君にぶつけてみたのだ。久しぶりに新商品が出るので売上が伸びる、あるいは大口の商売が決まったということで伸びることもある。この予想値になるという根拠について、確認してきてほしい。
小　山：わかりました。
支店長：仮に９月に売上が伸びるにしても、過去２年間の売上減少によって本来は経常運転資金が少なくなっているはずだ。したがって、９月に売上が伸びたにしても、落ち込んだ売上からの回復程度ならば、新たな増加運転資金はいらないと思うのだが……。
小　山：よく調べてみます。

　〈場面１〉〈場面２〉ともに、増加運転資金としての借入申出金額の妥当性について支店長が担当者に質問し、指示を出しています。増加運転資金の算出方法は簡単ですが、顧客や担当者が自ら望む結論に導こうと、算出に必要な数字を見込予想値として恣意的に作文する（＝大きくする）可能性があります。
　そこには、増加運転資金という名目で後ろ向きの資金調達を行おうとする企みが存在する場合があります。増加運転資金の借入申出の検証はその意味ではしっかりと行うことが必要です。

第2節　増加運転資金とは何か

1　増加運転資金の概要

　増加運転資金とは、売上の増加、在庫の増加、あるいは受取手形サイトの長期化などによって増加する運転資金のことです。具体的には、A月とB月、あるいはA期とB期との間における運転資金の増加額のことをいいます。

　A月あるいはA期で算出した経常運転資金より、B月あるいはB期で算出した運転資金のほうが多くなる事実があります。その差額の増加額が増加運転資金です。

　売上が算出根拠としたB月あるいはB期の売上並みに平準化したとき、または回転期間の変化が一巡したとき、増加運転資金は恒常的な経常運転資金に転化し、以後は経常運転資金として管理されます。

2　増加運転資金の発生要因

(1)　増加運転資金の発生要因

増加運転資金の発生要因は四つあります。

　① 売上の増加
　② 売上債権回転期間の長期化（売掛期間の延長、手形回収率のアップ、手形サイトの延長、回収不能な不良債権の発生など）
　③ 在庫回転期間の長期化（不良在庫の発生、備蓄・季節的要因による仕入在庫増加など）
　④ 支払債務回転期間の短縮化（買掛期間の短縮、手形支払率の減少、手形サイトの短縮など）

(2)　増加運転資金の発生要因の具体的中身

　増加運転資金貸出の発生要因は前記のとおり四つあります。売上の増加を発生要因とする増加運転資金は企業活動にとって望ましいものですが、一

方、他の発生要因は企業活動上、望ましいものとはいえません。したがって、増加運転資金は、算出に利用する数字の背景にある具体的中身まで踏み込んで実態把握を行う必要があります。

前記②「売上債権回転期間の長期化」という発生要因の中身を考えると、以下のような事由が考えられます。

・売掛先が倒産して売掛金の回収ができなくなった。
・受取手形の振出先が倒産して手形金額の回収ができなくなった。
・既存取引先宛に無理な販売を強行する際、売掛期間を長くした。
・新規取引先宛に販売を広げるために、売掛期間を長くした。
・融通手形取引がある。

前記③「在庫回転期間の長期化」という発生要因の中身を考えると、以下のような事由が考えられます。

・売上不振により商品が倉庫に溜まっている（滞貨発生）。
・過去の売れ残り商品（デッドストック）がある。
・粉飾決算による架空在庫がある。
・生産管理が行き届かず、生産に時間を要するようになった。

前記④「支払債務回転期間の短縮化」という発生要因の中身を考えると、以下のような事由が考えられます。

・仕入先からの信用が落ち、支払手形での仕入が現金買いに変更された。
・仕入先からの信用が落ち、支払手形のサイトが短縮された。
・仕入先を変更するも、買掛期間は従来に比べて短くなった。

どの事由も企業活動上好ましいことではありませんから、なぜそのような事態になったのかという原因を明らかにして、対策を打つ必要があります。

3　増加運転資金の金額把握：基礎編

増加運転資金の算出方法は、A時点とB時点における、各々の売上債権（売掛金・受取手形）、在庫、支払債務（買掛金・支払手形）の数字がわかれば

簡単に算出できます。

すなわち、以下のとおりです。

　　増加運転資金＝B時点の運転資金－A時点の運転資金

一般的には、すでに事例のところで示したように算出します。

（単位：百万円）

	A時点	B時点
売掛金	100	130
受取手形	150	170
在庫	120	150
計	370(a)	450
買掛金	80	110
支払手形	150	180
計	230(b)	290

所要運転資金(a)−(b)

140────→160（＋20）

　　　　↑増加運転資金

　この算出方法で留意すべきことは、A時点の数字は実績数値を使用し、一方、B時点の数字は実績数値を使う場合と予想値を使う場合とがあるということです。

　予想値を使う場合は、数字の妥当性についてしっかりと検証を行う必要があります。

4　増加運転資金の金額把握：応用編

(1)　売上だけが増加した場合

　顧客によっては、売上債権（売掛金・受取手形）、在庫、支払債務（買掛金・支払手形）の数字は決算期だけしかわからない、あるいは月次試算表は作成していないというところも多くあります。

　そこで、（平均）月商が20％増加した場合の増加運転資金を算出します。

　各回転期間は過去実績の数値を使用して次のように算出します。

	A月（A期）	B月（B期）
（平均）月商	100	120（＋20％）
売上債権回転期間	3カ月	不変
在庫回転期間	2カ月	不変
支払債務回転期間	2.5カ月	不変

「運転資金＝月商×差引純回転期間」という式から、以下のように算出できます。

　A月（A期）の運転資金：100×（3＋2－2.5）カ月＝250

　B月（B期）の運転資金：120×（3＋2－2.5）カ月＝300

　増加運転資金＝300－250＝50

このように、売上だけが増加した場合の増加運転資金は、各々の残高がわからなくても算出できます。これを算式で表わすと次のようになります。

　増加運転資金＝売上増加分×従来の差引純回転期間

　50＝20×（3＋2－2.5）

この手法は、日頃の顧客との会話のなかで「売上は好調で、前年比20％くらい増加している」という話を聞くことで、おおよその増加運転資金需要が推定でき、増加運転資金の提案を他行に先んじて行うことができます。

(2) 回転期間が変化した場合

売上が不変でも、回転期間が長期化した場合に増加運転資金は増えます。以下の例では、売上債権回転期間が0.5カ月伸びたときの増加運転資金について算出します。

	A月（A期）	B月（B期）
（平均）月商	100	不変
売上債権回転期間	3カ月	3.5カ月（＋0.5カ月）
在庫回転期間	2カ月	不変
支払債務回転期間	2.5カ月	不変

「運転資金＝月商×差引純回転期間」という式から、以下のように算出できます。

　　A月（A期）の運転資金：$100 \times (3 + 2 - 2.5)$ カ月＝250
　　B月（B期）の運転資金：$100 \times (3.5 + 2 - 2.5)$ カ月＝300
　　増加運転資金＝$300 - 250 = 50$

これを一つの式にまとめると次のようになります。

　　増加運転資金＝月商×差引純回転期間の増加分
　　$50 = 100 \times [(3.5 - 3) + (2 - 2) - (2.5 - 2.5)]$

ただし、売上が不変で、回転期間が変化するという事実は、各々の回転期間が把握できていなければわかりません。前記の例では、売上債権回転期間を把握していなければ計算はできません。そこで実務的には次の方法で計算することもあります。

(3) 回収条件（あるいは支払条件）が変化した場合

月次試算表を作成していない場合、売上債権・在庫・支払債務の各々の金額はタイムリーに把握できません。そのような場合は、顧客との会話から得られる取引条件の変化を基に算出することができます。すなわち、回収条件と支払条件の変化の内容を具体的に聴取することで、次のように算出します。

たとえば、回収条件に以下のような変化があった場合の増加運転資金を算出します。

	A月（A期）	B月（B期）
（平均）月商	100	不変
売上債権回転期間	3カ月	受手サイト15日延長 ただし受手回収率60％
在庫回転期間	2カ月	不変
支払債務回転期間	2.5カ月	不変

回収あるいは支払条件の変化から増加運転資金を算出する場合は、売上代

金の回収の流れ（売掛、手形回収比率あるいは買掛、支払手形比率）を考慮しなければいけないということです。この事例における売上代金（月商100）の回収の流れは次のとおりとします。

```
月商（100）─┬─現金売り（20）
            └─掛売り（80）─┬─現金（20）
                            └─受手（60）(注)
```

　（注）　ここで「受手回収率60％」を確認できます。

「受手サイト15日延長」というのは、「受手サイト0.5カ月延長」のことですから、受取手形の増加額は以下のようになります。

　　月受手回収（60）×受手サイト延長（0.5カ月）＝30

他の数値が不変であれば、受取手形の増加額が増加運転資金となります。

　前記で明らかになったことは、回収条件の変化（受手サイト15日延長）による受取手形は30増加しました。売上が100であることから、受取手形回転期間は、0.3カ月（＝30÷100）延長されたとなります。また、この0.3カ月という受取手形回転期間の延長は、以下の式でも求められます。

　　受手サイト延長（0.5カ月）×受手回収率（60％）＝0.3カ月

　本事例では、在庫・支払債務の回転期間は不変であり、回転期間の変化はこの0.3カ月の増加だけです。このことから、前記(2)で使った「増加運転資金＝月商×差引純回転期間の増加分」という式によっても本事例の増加運転資金を求めることもできます。

　　増加運転資金＝月商×差引純回転期間の増加分
　　　　　　　　100×0.3カ月＝30

　このように、回収条件や支払条件の変化ということから増加運転資金を求める場合には、売上・仕入における売掛・買掛の比率や、受手・支手の比率を勘案しなければなりません。

(4)　売上と回転期間の両方が変化した場合

　増加運転資金は売上が増加していなくても発生します。収支ズレの変化要因によっても増加運転資金は発生します。増加運転資金だからといって、売

上が増加していないのに安易に貸出を行うことは、返済負担・返済能力に支障が生じるリスクがあります。

しかし、増加運転資金の算出ワークシートについて、多くの地銀でみられるものは前述3の「増加運転資金の金額把握：基礎編」で記した様式です。すなわち、2時点において所要運転資金を算出し、その増加金額を求めるものです。この算出方法では増加運転資金の金額は算出できますが、増加運転資金が発生する要因はわかりません。

そこで、次に示すワークシートを使うことを勧めます。このワークシートを使うと増加運転資金の発生要因が明らかになります。すなわち、増加運転資金の内訳として「売上増加による資金需要」と「収支ズレの変化による資金需要」が算出されます。

	25／3期実績(A)		26／3期実績(B)		27／3期予想(C)		増減(C)－(B)	
平均月商	214		243		250←③		7←①	
主要勘定	残高	回転期間	残高	回転期間	残高	回転期間	残高	回転期間
売掛金	323	1.51	362	1.49	370	1.48	8	▲0.01
受取手形	218	1.02	299	1.23	363	1.45	64	0.22
在庫	366	1.71	415	1.71	429	1.72	14	0.01
計(a)	907	4.24	1,076	4.43	1,162	4.65	86	0.22
買掛金	120	0.56	131	0.54	130	0.52	▲1	▲0.02
支払手形	312	1.46	357	1.47	362	1.45	5	▲0.02
計(b)	432	2.02	488	2.01	492	1.97	4	▲0.04
差(a)－(b)	475	2.22	588	2.42	670	2.68	82	0.26
			↑②				↑④	

売上の増加による資金需要	①×②	7×2.42	17
収支ズレの変化による資金需要	③×④	250×0.26	65
		計(c)	82

貸出判断を行うに際し、"増加運転資金が発生したら貸す"と思い込むことは間違いです。売上増加に基づく健全な増加運転資金であれば増加金額を貸すことに問題はありません。しかし、「売上増加による資金需要」はほとんどなく「収支ズレの変化による資金需要」が増加運転資金の多くを占めている場合、その理由を把握し、経営への影響や返済能力等について慎重に検討する必要があります。

　その具体例は第5節で示し、説明いたします。

　〈ワークシート記入上の注意〉

　「平均月商」
　　・実績値(A)は前々年決算期の平均値が望ましい。
　　・実績値(B)は前年決算期の平均値が望ましい。
　　・予想値(C)は過去実績や売上構成変化を注視し、実現性・妥当性を検証。

　「主要勘定」
　　・実績値(A)は前々年決算期の数値を転記。
　　・実績値(B)は前年決算期の数値を転記。
　　・予想値(C)は過去実績からのトレンドから妥当性を検証。

第3節　増加運転資金の検討事項

1　あらためて「貸出業務の王道」

　本章第1節の事例紹介で次のことを書きました。すなわち、「増加運転資金の算出方法は簡単ですが、顧客や担当者が自ら望む結論に導こうと、算出に必要な数字を見込予想値として恣意的に作文する（＝大きくする）可能性があります。そこには、増加運転資金という名目で後ろ向きの資金調達を行おうとする企みが存在する場合があります。増加運転資金の借入申出の検証はその意味ではしっかりと行うことが必要です」。

顧客からの借入申出金額は、必ずしも正確な増加運転資金金額であるとは限りません。また、増加運転資金が発生する資金需要の背景や要因も正しい説明がなされるとは限りません。

　顧客からの借入申出内容が増加運転資金という資金使途である場合、その内容を検証すると、実際には増加運転資金が発生する事実がない、あるいは発生するにしても金額的に借入申出金額と大きく差がある、または実際の資金使途は不動産購入資金であるというような場合があります。

　顧客だけに限りません。銀行内でも、支店長・担当者レベルで貸出目標達成のために、あたかも増加運転資金が発生するようなシナリオを自ら勝手に作文してまで、顧客に貸し込むことが行われています。

　このような無節操な考え方と暴挙ともいえる行動が過去における不良債権問題を引き起こしたのです。第Ⅱ編で、過去の反省に立って「真っ当な貸出姿勢」に戻ることが大切だと述べました。そして、貸出担当者は良心に基づく確固たる判断軸をもつべきことを述べました。銀行が健全な貸出資産から安定的な収益をあげるためには、資金使途をしっかり検証することが基本です。その基本を守り、王道を歩む貸出業務を行うには、増加運転資金という資金使途の検証と採上げ方から学ぶ必要があります。

2　増加運転資金貸出の検討

　増加運転資金の借入申出を受けた場合、検討すべき基本的事項は次の二つです。

　　①　必要金額……借入申出金額は妥当か。
　　②　発生原因……発生原因は妥当か。

(1)　**必要金額のチェック**

　増加運転資金の金額把握については、前節で説明しました。

　実務上は、「検討ワークシート」を活用することで算出できます。ワークシートで算出された増加運転資金の金額と借入申出金額に大きな差がなければ妥当な申出といえます。ワークシートで算出された増加運転資金の金額が

50であるのに、借入申出金額が80であったとき、差額の30はどのような意図で借入れをしようとしたのかを調べる必要があります。また、借入申出金額が20である場合もあります。それは、所要金額のすべてを借入れに依存しないという考えである場合です。

ワークシートでは増加運転資金を「売上増加による資金需要」と「回転期間の変化による資金需要」に分けて算出します。この場合、「回転期間の変化による資金需要」が増加運転資金のほとんどを占めているとき、次の発生原因についてしっかりとした検討が必要になってきます。

(2) 発生原因のチェック

増加運転資金の発生原因は、売上増加要因と、収支ズレの変化による二つの要因があります。

収支ズレの変化は、「回転期間の変化による資金需要」であり、それによって増加運転資金が発生する背景としては次のようなことが考えられます。

① 回収条件の変化による売上債権の増大
② 在庫が増加している場合
③ 支払条件の変化による支払債務の増加・減少

この三つが原因の場合、表面的な検討にとどまらず、掘り下げた分析を行わなければいけません。

たとえば、売上を伸ばす手段として、販売先に対して回収方法を緩やかにすることで購買意欲をアップさせる方法があります。具体的には、受取手形のサイト延長に応じたり、現金払いを手形払いにすることを認めたりすることが、売上増加施策としてとられることがあります。この場合、売上債権における受手回転期間が伸びます。現金払いを手形払いに認めることは受取手形の増加に繋がり、受手回転期間が伸びることになります。このような要因によって売上債権回転期間が長くなることはやむをえない側面があります。一方、売上債権に焦げ付きが生じたことによる売上債権回転期間が長くなることは好ましいことではありません。

このように、売上債権回転期間が長くなっている事実にしても、真の原因を掘り下げたうえで実態を把握しなければ、売上債権回転期間が長くなっている事実を正しく評価することはできません。

在庫も、積極的販売攻勢に出るために一時的に積み上げた在庫か、あるいは売上不振による不良在庫かによって評価は異なります。

いずれにしても、回転期間の変化によって増加運転資金が大きくなる場合は、企業活動に悪影響を与える要因が含まれていることもあるで、その原因については徹底的に究明し検証することが大切です。

第4節　増加運転資金貸出の採上げ方

1　増加運転資金の貸出判断のポイント

① 借入申出金額と増加運転資金金額がおおむね同じ場合、増加運転資金の構成内訳を次のように分けて把握することが大切です。

```
増加運転資金50 ─┬─ 売上増加による　　30
                └─ 回転期間による　　20 ─┬─ よい要因　　 5
                                          └─ 悪い要因　　15
```

そして、悪い要因（売上債権の焦げ付き、不良在庫等）による増加運転資金（15）については、本来の増加運転資金貸出（50）とは区別し、別の対応（たとえば企業内努力。後述）にすることが望ましいといえます。

② 借入申出金額が増加運転資金の額を大きく上回る場合、たとえば、前記例で、増加運転資金50に対して70の借入申出があった場合は、その差額の資金使途の実態を把握し、不要不急あるいは不自然な借入れの混入は避けなければいけません。

上記①②が意味するところは、増加運転資金はいずれ企業にとっては恒常的・必要不可欠な経常運転資金に組み込まれる性格の資金であることを認識

しなければならないということです。貸出金額が伸び、数的目標達成に寄与するからという理由で、健全な増加運転資金とはいえないものや必要金額以上の貸出を行うことは感心しません。

銀行側にとって経常運転資金貸出は、実質的には返済を求めず毎年継続する貸出であることから、ここに後ろ向きの資金や使途不明な貸出を混入させてはなりません。

2　増加運転資金貸出の採上げ方

(1)　必要金額のすべてを貸すか

借入申出の検討において資金需要発生の原因と金額の妥当性の検証が終わると、具体的な貸出金額をいくらにするかという問題になります。

増加運転資金の需要額のすべてを借り入れようとする企業があります。また銀行でも増加運転資金のすべてを自行から貸出したいと考える人がいます。

この問題に関して、必要となる増加運転資金金額の全額を貸出するのが当然であるように思う人もいることでしょう。それは銀行や担当者の論理であって、顧客にとって経営上最もよい方法は何かということを考えることが、「お客さま第一」を掲げる銀行の本来の姿であるべきです。

借入申出金額が妥当という検証がすんだにしても、次のステップとして全額借入れがよいかということも銀行は考え、顧客にアドバイスすることがあってもよいのではないでしょうか。たとえば、利益から決算資金等の支出を差し引いた後に資金的余裕があるならばそれを充当することで、借入金額は少なくできます。あるいは、以下に示すような企業内努力の可能性を勧めることで、借入れを最小限にすることのアドバイスに繋がります。

銀行の「貸したい」という論理だけではなく、取引先にとって役立つことをともに考える銀行が顧客から支持を受け、信頼される銀行になると考えます。

企業内努力とは、次のようなことで収支ズレを縮小することで、所要運転

資金を少なくすることです。

　　　回収を強化────────▶売上債権の縮小に寄与
　　　支払繰延べ────────▶支払債務の増加に寄与
　　　在庫の圧縮────────▶在庫の圧縮に寄与
　　　現預金取崩し───────▶現預金の減少

(2) 採上げ方針

① 増加運転資金の借入申出に対する貸出の採上げ方は、通常、短期貸出となります。その方法は、手形割引の極度枠増大、商担手貸し、あるいは手形貸付で検討します。

② 増加運転資金の構成内訳でわかった「悪い要因」で回転期間が変化して必要となる金額は、経常運転資金への転化を避け、前述のとおり、企業内努力で解決できないかをまず検討し、吸収できない金額については約定弁済付の貸出で対応することも一法かと考えます。

第5節　具体的事例の検討

本章第2節4(4)で紹介した増加運転資金「検討ワークシート」を使って具体的事例で説明します。

1　借入申出

当行主力先のA社（酒販卸）から20百万円の増加運転資金借入の申出がありました。直近の貸借対照表と損益計算書は以下のとおりです（金額単位：百万円）。

〈貸借対照表〉

	26／3月期	27／3月期
流動資産	260	288
現預金	66	68
受取手形	10	14
売掛金	111	130
在庫	50	54
その他	23	22
固定資産	112	110
要償却資産	93	91
投資等	19	19
資産合計	372	398

	26／3月期	27／3月期
流動負債	239	261
支払手形	30	31
買掛金	87	95
短期借入金	118	119
その他	4	16
固定負債	66	61
長期借入金	66	61
負債合計	305	322
株主資本	67	76
負債・純資産合計	372	398

〈損益計算書〉

	26／3月期	27／3月期
売上高	996	1,018
売上原価	911	930
売上総利益	85	88
販管費	84	85
営業利益	1	3
営業外損益	6	6
経常利益	7	9
特別損益	0	0
税引前当期利益	7	9
法人税等	0	0
当期純利益	7	9
（減価償却費）	2	2

（参考）業界平均値

自己資本比率	19.4%
売上総利益率	8.0%
売上高営業利益率	▲0.7%
売上債権回転期間	47日
棚卸資産回転期間	22日
支払債務回転期間	42日

2 増加運転資金の検討ワークシート

	26／3期実績(A)		27／3期実績(B)		増減(B)−(A)	
平均月商	83		85←③		2←①	
主要勘定	残高	回転期間	残高	回転期間	残高	回転期間
売掛金	111	1.34	130	1.53	19	0.19
受取手形	10	0.12	14	0.16	4	0.04
在庫	50	0.60	54	0.64	4	0.04
計(a)	171	2.06	198	2.33	27	0.27
買掛金	87	1.05	95	1.12	8	0.07
支払手形	30	0.36	31	0.36	1	−
計(b)	117	1.41	126	1.48	9	0.07
差(a)−(b)	54	0.65	72	0.85	18	0.20
		↑②				↑④

売上の増加による資金需要	①×②	2×0.65	1.3
収支ズレの変化による資金需要	③×④	85×0.20	17.0
		計(c)	18.3

3 検討結果

① 増加運転資金算出のホワイトシートを利用して計算すると、増加運転資金は18百万円と計算されることから、20百万円の申出金額は妥当と考えられます。

② 増加運転資金18百万円の内訳は、売上増加によるものが1百万円、収支ズレによるものが17百万円であることがわかり、さらに、収支ズレのなかでも売掛金の増加要因が大きいことがわかります。

③ そこで、何故、売掛金が増加したかを確認するために、26／3月期と27／3月期の勘定科目内訳明細表の提出を求め、売掛金の明細を比

較して、売掛金に不良債権化したものがないかを確認する必要があります。

④　販売先上位3社から以下情報（売上高と（　）内は売掛金の数字）を入手。

	26／3月期	27／3月期
X社	90（12）	81（23）
Y社	50（6）	54（7）
Z社	40（5）	44（6）

⑤　X社宛売上の減少、かつ売掛金の大幅増加＝不良債権化が懸念されるなか、20百万円の新規貸出を実行した場合の債務償還年数は18年（注）となり、回収懸念が予想されます。

（注）　(119+61+20) ÷ （9＋2）　＝18年
　　　　本件後借入額　　純利益＋原価償却費

⑥　20百万円の増加運転資金の発生原因は、X社宛売上が不良債権化していることにあることから、まずは当社に対してX社からの回収努力を促す施策を考えることが重要である旨を伝え、その解決策について一緒に考えます。〜X社宛の売掛金を減少させることができれば、必要となる増加運転資金の金額（借入金額）は減ります。

　　あるいは、現預金等を利用して、借入額を減らすことで、債務償還年数を短くする工夫を考えてもよいと思います。

⑦　このように、増加運転資金は発生要因を把握し、その要因が収支ズレによる場合は、安易に借入申出金額の全額の貸出に応じるのではなく、経営的立場に立って最適な解決策をともに考える姿勢が大事であると考えます。

| コラム | 貸すも親切、貸さぬも親切 |

●吉田重雄『貸出業務の王道』154〜155頁（金融財政事情研究会）より抜粋

　必要資金は貸しますが、資金が必要ではない場合、貸しても返済が懸念される場合、また貸すことで経営内容をより悪化させる懸念がある場合は、貸さないことが顧客のためになることでもあります。これを「貸すも親切、貸さぬも親切」と言います。

　一つの例を紹介します。『世界経済はこう変わる』（神谷秀樹・小幡績共著・光文社新書）に次のような記述があります。

　"昔話になりますが、私がかつて在籍していた住友銀行にはこんなエピソードがあります。松下電器（現パナソニック）がまだ誕生して間もないときに、住友銀行にはじめて融資を申し込みに行ったときのことです。当時の松下の財務部長から伺ったのですが、そのとき、住友銀行の支店長が、「あなたのところは売掛金が多すぎるから、夕方の5時になったら全社員で売掛金の取り立てをしていらっしゃい。それをすれば、銀行からお金を借りないで済むはずだから」とアドバイスしたそうです。で、松下の社員は実際にそうした。松下幸之助さんの奥様がお味噌汁を作って、売掛金の回収を終えた社員が引き上げてくるのを待っていたそうです。そして、3ヶ月後、本当に売掛金が全部回収でき、手持ちの現金が豊富になってキャッシュフローが潤沢になった。それで、「支店長のおっしゃることを聞いたおかげで本当に借金をせずに済みました、ありがとうございました」とお礼に行かれたそうです。"（同書115〜116頁）

　これは、売掛金の回収が進まず＝売掛金回転期間が長期化することで増加運転資金需要が発生したときの事例です。住友銀行の支店長は、増加運転資金の発生理由を的確に把握したうえで、売掛金の回収が進めば、借入金が少なくてすむとアドバイスしたところ、松下電器の社員は売掛金の回収に努め、そしてすべての売掛金が回収でき、借入れをしないですんだという話です。このケースで、売掛金の回収ができていないことが問題であることを指摘せず、申出どおりに貸出を行った場合、借入金の返済と支払利息が経営の足を引っ張ることになり、より経営が苦しくなったかもしれません。

●『貸出業務の王道』281〜282頁より抜粋

　この事例で、住友銀行の支店長は、売掛金が回収できていないことが借入を必要とする理由であるとわかり、売掛金の回収を行えば借入しなくてもすむと

アドバイスしています。支店長のアドバイスの根底にある考え方は、創業間もない松下電器の経営を第一に考えたとき、安易に借金をしない方がよいという考えを教えることが自らの「義務」と考えたことにあります。貸出金額がいくら伸び、いくら儲かるかという計算を行うことなく、支店長として「貸さぬも親切」という良心がアドバイスした行為に結びついたと考えられます。

　もし、支店長が「功利主義」で考えた場合はどのようなことが想像されるでしょうか。借入が必要になった理由には触れず、借入申出に来た松下電器を"鴨がネギを背負ってくる"のように見て、申出金額を貸すことはもちろん、「余分に借りておいたほうがよいですよ」と言って、必要金額以上に貸す行為に及ぶかもしれません。現在多くの銀行で行われている貸出業務は、評価尺度が結果主義であることから、「功利主義」に基づく目標を意識した行為がほとんどではないでしょうか。

　しかし、行為の真価は外見的成果だけでは推し量れないことがあることを知るべきです。この事例によって、松下幸之助は住友銀行を信頼して主力銀行に選び、永年住友一行取引を続けた話は有名です。すなわち、住友銀行は、その時点では貸出実績に結びつかず、収益を得ることはありませんでしたが、偉大なる経営者に昇り上がる松下幸之助から信頼と信用という大きな価値を得ることになったことを見逃してはいけません。

　昨今の貸出業務において、将来得るべき利益を先食いする銀行が見受けられるなか、数字競争ではなく価値競争によって信頼と信用を得ることの重要性を教えてくれる話であると思います。

第4章　長期運転資金

本編第2章第4節1で、「経常運転資金は手形貸付で対応するほうが望ましい」という筆者の考え方を披瀝しました。また、これについて「銀行によって方針は異なる」こともあると書きました。

本章では、長期運転資金という資金使途について説明します。

第1節　事例紹介

薄　井：支店長にお尋ねします。支店長は経常運転資金貸出は1年ごとに顧客の業績や実態把握を行うために短期貸出で対応すべきと仰いました。その考え方は理解できましたが、それでは「長期運転資金」という言葉が意味する貸出はどういうものですか。

支店長：単純に言葉の意味からすると、1年を超えた運転資金ということ。運転資金という言葉は広い意味で使われ、経常運転資金や増加運転資金だけでなく、決算賞与資金、季節資金も運転資金という区分けに入るということは話したと思う。薄井君の質問は、経常運転資金は実質的に1年ごとの継続で対応しているならば長期貸出で対応してもよいのではないか、金利も高くとれるし……ということだね。

薄　井：そうです。また、ついでで恐縮ですが、経常運転資金以外に長期で支援する運転資金というものはあるのでしょうか。それはどういうときに、長期運転資金として貸出することがあるのですか。

支店長：よい質問だ。

薄井君の質問は二つあります。一つは経常運転資金を長期運転資金貸出で応ずることの是非、二つ目は経常運転資金以外で長期運転資金貸出として許容している貸出の資金使途です。

第2節　経常運転資金の長期運転資金貸出対応

　経常運転資金は企業活動で恒常的に必要とされる必須資金です。多くの場合、期間1年（あるいは6カ月）の手形貸付で対応し、継続取引されることが一般的です（これを「単名のコロガシ」といいます）。言い換えれば、実態的には、長期間にわたって返済を求めない貸出であるならば長期運転資金と認識し証書貸付による長期貸出で対応してもよいのではないかという疑問があります。

　言葉尻の問題になってしまいますが、経常運転資金に「長期運転資金」というものはありません。経常運転資金は貸借対照表で算出される必要な所要資金を意味します。ここで使われる「長期運転資金」という言葉は、「経常運転資金の長期貸出」という意味です。

　この問題については、すでに述べましたが、銀行によって対応方針が異なり、絶対的に正しいという答はありません。筆者の考え方は、本編第2章第4節1ですでに説明しました。すなわち、業績変動に伴い経常運転資金の金額に変化が生じていないか、許容する貸出はいままでどおりでよいか等は、少なくとも1年ごとにそれを確認することが必要という考え方に立ち、貸出も1年ごとの継続対応が望ましいというものです。

　しかし、売上の減少によって減少運転資金が生ずる状況になったとき、いきなり経常運転資金が半減するというような極端なことはまず少ないということから、経常運転資金のコアになる部分を長期貸出で対応してもよいのではないかと考えることは当然です。また、そのほうが長期金利を適用でき、収益的にもよいことも事実です。

　経常運転資金を長期運転資金貸出で対応する場合も、決算時（1年ごと）

に業績フォローを行うことは、貸出担当者として当然の仕事です。その実績フォローは、長期運転資金貸出の場合でも一定の期間の間隔（たとえば1年）で行えば問題はありません。その実績フォローのときに減少運転資金が発生していても、長期運転資金貸出は約定弁済付で採り上げることが普通ですから、売上が落ちて経常運転資金が減るということに関しても、大きな問題にはならないという議論にも首肯すべき点はあります。

銀行の貸出基本方針として、長期比率アップの施策としての長期貸出の推進、あるいは金利面を考慮した資金収益重視を図る施策として、経常運転資金を長期運転資金貸出として採り上げることはありえます。具体的には、既存の短期経常運転資金貸出を長期運転資金貸出へシフトするケースもあるでしょう。

この問題を考えるキーポイントは二つあります。一つは返済計画の妥当性の検討であり、もう一つは、債務者に与えることになる「期限の利益」の問題です。

本編第2章第4節4で「経常運転資金の返済原資は営業収入が原則」と述べました。しかし、長期運転資金貸出で許容する場合、返済は収益償還が原則となりますから、返済原資と返済計画の妥当性について検討を行う必要があります。そのためには、長期経営計画や資金計画、また経済情勢や業界動向等々の検討も必要になります。しかし、経常運転資金を長期貸出で採り上げるとき、返済原資と返済計画についての検討は行われていないと思います。経常運転資金を長期貸出で採上げ約弁をつけるということは、当初貸出金額が減ることで経常運転資金として必要な所要運転資金額を下回ることになります。約弁が少ないうちは営業収入でカバーするにしても、財務収支不足分を現金収支でカバーする限界がいずれ到来します。そのとき「折返し資金」というかたちで当初貸出金額まで復活させる貸出が行われます。すなわち、経常運転資金を期間3年乃至5年の長期貸出で採り上げるにしても、約弁を3年間・5年間続けて残高が0になる長期貸出はまず見当たりません。問題は、折返し資金は安易に許容することが多く、経常運転資金継続時に行

うべき事業性評価もおざなりで折返し資金は実行されます。一方、3年・5年という「期限の利益」をどのように捉えるかということも重要になります。長期運転資金貸出によって与えた期限の利益があるがために、急激な業績悪化に伴う対策を行うことに遅れが生じた場合、債権保全面の対応は明らかにマイナスに働きます。

　本節の問題を考えるには、リスクと収益のバランスを考えたうえでの判断が必要です。

第3節　経常運転資金以外の長期運転資金貸出

　設備資金を除く資金使途を広義の運転資金と称するなか、経常運転資金以外の資金使途を長期貸出で対応する場合はあるのでしょうか。それは次のような場合が考えられます。

1　過去に許容した決算賞与資金・季節資金貸出等の解決策

　決算賞与資金・季節資金等は本来6カ月で回収されるべき貸出です。しかし、なんらかの事情で当該借入れが返済できずに、本来の貸出期限に回収できない場合があります。その問題解消方法として、返済可能な約定弁済金額を話し合い、それに見合う期間（1年超）で対応するとき、長期運転資金として貸出することがあります。

　あるいは、既存貸出の資金使途において、正常な資金使途対応を行っていない貸出が判明した場合、その問題解消策として、返済可能な約定返済額を付した長期運転資金貸出で対応を行うことがあります。

　本編第2章第1節1の〈場面1〉〈場面2〉では、問題解決のために支店長は長期運転資金貸出による交渉を指示しているのは、このことです。

2　長期貸付金、入居保証金を資金使途とする場合

　子会社・関連会社宛の長期貸付金・出資金等の投資目的資金、あるいは入

居保証金、営業権買取等の長期資産の取得に伴う資金調達を借入れで行う場合は、長期運転資金貸出で対応します。

3　社債償還を目的とする場合

社債（含む私募債）の償還は利益償還による計画で発行されています。しかし、償還時点で社債発行計画時に立てた利益をあげられない状況になった場合、約定どおり返済ができないとデフォルトになり、投資家に迷惑をかけるだけでなく、会社信用も失墜する事態になります。そこで、返済原資を長期運転資金として調達することがあります。

4　その他の場合

不渡手形の金額が大きい場合、その買戻し資金を長期運転資金で借り入れる場合、また本来の設備資金に乗り換えるまでに要する期間が1年以上にわたる場合などで、長期運転資金貸出が行われることがあります。

第4節　長期運転資金借入申出の検証

長期運転資金の実際の資金使途は前節で述べたようにさまざまです。その資金使途と返済計画の妥当性はしっかり検証しなければなりません。貸出リスクを考える場合、貸出期間が長期になればリスクも高まることは自明です。

したがって、長期運転資金貸出の検討に際しては、資金使途次第では担保の徴求も併せ考えることが必要になります。

第5章　決算資金

第1節　事例紹介

〈場面1〉

支店長：吉村君、M社からの決算資金の借入申出だけど、ちゃんと検証してみたか。

吉　村：はい、昨年の借入実績と同じ申出です。

支店長：昨年の決算資金は、当行と丙行の2行で合計1億円を貸出しているよね。期間6カ月で返済もされている。問題はないと思っていたが、いま、気づいたのだが……。

吉　村：何か問題がありますか。

支店長：実は、前期の決算書類をみていたら、気づいた。そこに、配当金1,000万円、税金が5,000万円と書かれている。前期の決算資金貸出は1億円だった。ということは、借入金額が少し大きくないか。

吉　村：そうですね。いままで、気づきませんでした。

支店長：決算資金の借入金額は、当然のことながら、配当金と税金の範囲内でなければいけない(注)のに、4,000万円も多く借りている。一昨年の決算書も、配当金と税金の合計が6,000万円なのに、やはり1億円の貸出となっている。どうも過去の最高実績で借りた金額を毎年踏襲して、前期実績並みとして貸しているのではないか。

吉　村：でも、ちゃんと6カ月で返済していますから……。

支店長：そういう考え方はダメだぞ。そういう脇が甘い貸出判断の考え方が大きな事故に繋がるのだ。君のいっていることは、「迷惑が

かからなかったのだからいいではないか」といっているのと同じだ。

　もし、迷惑がかかるような事態になっていたらどうなる。こういう基本的なことを見逃していると、顧客は決算資金なら銀行は簡単に貸してくれると思うようになって、決算資金とはいえない資金使途の借入れも決算資金として借入申出をするようになる懸念がある。

　資金使途の検証はそういう顧客への牽制の意味もあるが、やはり銀行としては本来の資金使途に見合う真っ当な貸出を行おうという姿勢と筋を通さなければいけない。

吉　村：はい、わかりました。M社には、一昨年、昨年の配当金額と納税金額の実際の数字を出させ、今年の数字が妥当であるか検証してみます。

支店長：それと、余計に借りた資金は何に使ったのかを聞き出しておくこと。

吉　村：はい。

（注）　初版では、決算資金貸出は、配当金・役員賞与・税金などの社外流出資金を指し、利益処分案の金額範囲内であるべきと書きました。
　　　平成18年5月に新会社法が施行され、利益処分の概念がなくなり、株主に対する財産の分配は「剰余金の配当」とされ、その分配の対象は株主に限られるため、剰余金の配当手続では役員賞与は支給できなくなりました。
　　　会社法では、役員賞与も役員報酬と同様に職務執行の対価と考え、「役員賞与は、発生した会計期間の費用として処理する」ことになりました。このことを踏まえ、役員賞与について社外流出資金・利益処分案という言葉に結びつけていた説明はできなくなりました。

〈場面2〉

支店長：平田君、どうしてN社は3月に決算資金貸出を行うのだ。
平　田：早貸しです。
支店長：早貸し。君が早く借りてくれと売り込んだのか。
平　田：いえ、N社が早く貸してくれるかと聞いてきたので、YESと答えました。
支店長：そして前期実績並みの金額の借入申出か。
平　田：はい。
支店長：なぜ、N社は早く資金がいるのだ。ちょっとおかしいと思わないか。法人税や配当金の支払いは、決算月の2カ月後になる。それを、まだ決算月の3月に借りたいといってくるにはなんらかの事情があると思うよ。今期の売上見通しと利益について、N社はどのようにいっているのだ。
平　田：上期の不振を下期でカバーできていないようなので、減収減益は避けられないと思います。
支店長：どの程度の減益になるのかはわからない段階で、配当金や税金の合計金額が前年実績並みに必要といっていることが不自然だし、通常の支払月より2カ月も前に借りるという点が引っ掛かる。平田君、もう一度、この決算資金という借入申出の実態を詳しく調べてください。資金繰り上、何か深刻な問題が起きていないか、チェックが必要だ。
平　田：はい、すぐに調べます。

　決算資金は、毎年同じ時期に発生する資金使途ですから、顧客も銀行も他の貸出に比べて簡単だと思っています。しかし、過去実績に疑問を感じないで安易に貸出を行うと、他の資金使途が混入することを見逃し、返済が滞ることもあるので注意が必要です。

第2節　決算資金とは何か

1　決算資金の概要

　決算資金とは、企業が決算に伴って支払うことになる配当金や納税資金のことをいいます。したがって、決算資金の借入金額は、配当金と税金の合計金額の範囲内でなければいけません。

2　なぜ借入れが必要か

　決算資金は当然のことながら、利益のなかから支払われるべきものです。それをなぜ銀行からの借入金で支払うのでしょうか。それは、現実に決算資金が必要となる時点で利益は必ずしも現預金にプールされていないからです。利益は売上債権に計上されていて、まだ現金として回収されていなかったり、一度現金として回収されても再投資され、生産工程や在庫のかたちになったりしている場合もあります。

　仮に現預金として一部がプールされているにしても、決算資金の支払時期に大量の現預金が使われることは、資金繰りの安定という観点からも避けなければいけません。

　そこで、一時的に集中する決算資金としての現金支出を賄うために借入れを行い、翌期中に分割返済を行うことが一般的となっています。

第3節　決算資金の検討

1　決算内容の把握

　決算資金の借入申出があった時点では、まだ決算書の入手は困難である場合が多いと思います。しかし、当然ながら決算の概況はヒアリング等で把握していなければいけません。

決算資金は、前期（1年間あるいは6カ月）の企業活動によって得られた税引前当期利益のなかから支払われます。したがって、前期の税引前当期利益がいくらになるかがポイントです。決算書が入手できていない時点でヒアリング等で示された前期の税引前利益額は、過去3年間の売上と利益の実績推移からみて不自然な数字でないかというチェックは必ず行ってください。

2　決算支出金額の検討

次に、配当金、税金のそれぞれの支払金額が妥当であるかどうかを検証することが必要です。その際のチェックポイントは以下の諸点です。

(1)　配　当　金

配当金額は会社が決めます。その金額について銀行が多いとか少ないとか口を挟むことはまずないと思います。したがって、金額の妥当性という尺度をどのように考えるかはむずかしいでしょう。

しかし、銀行として、特に主力銀行として、顧客が配当金の金額をどのように決めるかという経営判断をみることは大切なことです。そこに企業の決算に関する仕振りやオーナーの考え方が出てくるからです。

特に同族経営において、利益のほとんどを配当金に充てたり、減収決算でも従業員の賞与は減らしても配当金は据え置きで支払ったりするようなことがみられます。会社経営の健全性・事業の存続を優先して考えるとき、主力銀行として正論をもって意見することは大切なことと考えます。

配当金について、配当性向（配当金÷税引後当期純利益）が100％を超えるような配当が行われる場合は、内部留保利益の取崩しを意味しますので、その理由について経営者に問い質し、注意深くみなければいけません。

(2)　税　　金

決算書が入手できていない段階での納税額の妥当性は、税引前当期利益の金額を基準に計算することで、おおよその推定、チェックが可能です。もちろん、税務署宛の申告所得と決算書の税引前当期利益は算出方法が異なるため必ずしも一致しませんが、通常の場合、さほど大きな差は生じません。

税金がいくらになるかは、実効税率（課税所得に対する税負担割合）を税引前当期利益の約50％をメドにみておけばよいでしょう。ただし、決算資金で支払う金額は、その金額から中間納税分を差し引いた金額になることに注意してください。

第4節　決算資金貸出の採上げ方

(1)　採上げ方

　決算資金貸出は企業にとって恒例的に必要とする借入れであり、年2回発生します。したがって、次回の決算資金需要が発生するまでの期間内に返済する必要があります。そこで、決算資金は、通常、期間6カ月の手形貸付の方法で、分割返済にすることが一般的です。

　3月決算の会社の場合、決算資金の貸出実行月は5月と11月に行われるのが普通です。その理由は、税金と配当金の支払時期が次のとおりだからです。

　①　納税時期は事業年度終了後2カ月以内に確定申告を行い、納税しなければなりません。決算が3月の会社の場合、納税時期は5月と11月になります。

　②　配当金は株主総会の決議にて決定されます。株主総会は事業年度終了後3カ月以内に開催されるため、配当金と役員賞与の支払いは6月以後になることが一般的です。

　なお、貸出金額は配当金と税金の合計額が限度になります。通常はその所要金額の全額を借りることなく、一部自己資金の充当が図られます。その自己資金の割合が、例年に比べ少なくなり、借入依存率が大きく上昇した場合は、その理由を必ず検証することが必要です。

(2)　返済原資

　決算資金は、本来は前期の利益から支出するものです。しかし、本章第2節2で述べたように、その利益は支払時期に現預金にプールされずに、すでに再投資され、売上債権や在庫等として運用されています。

そのため、決算資金の返済原資は、売上債権や在庫等の資産が資金化された当期の現預金から返済されます。資金化される時期は、当期に入ってから行われることから、当期の業績や決算見通しが芳しくない場合、決算資金の返済が滞ることもありえます。すなわち、前期に利益を出しその納税を借入れで行ったが、当期が業績不振に陥った場合、納税を行うために借りた決算資金が返せないという状況もあるのです。それは、資金化された現預金が赤字補填のために食われてしまうことになるからです。

　その意味では、決算資金を許容するときには、前期の決算分析のみならず、実際に返済時期となる当期の業績見通しを十分に検討しておくことが必要となります。特に、業績悪化が予想される場合は、返済に不安を生じさせるので、慎重に検討をしなければなりません。

第5節　具体的事例の検討

　ここでは、次の二つの事例について具体的に検討しましょう（金額単位：百万円）。

1　事例 1

(1)　借入申出内容 1

		25／3期実績	26／3期実績	27／3期計画
所要金額内訳	配当金	10	10	8
	税金	90	90	80
所要金額合計		100	100	88
自己資金充当額		22	20	8
銀行借入額		80	80	80
借入銀行	当行	60	60	60
	甲行	20	20	20

(2) 業績概要

	25／3期実績	26／3期実績	27／3期計画
売上高 （平均月商）	5,300 (442)	4,800 (400)	4,500 (375)
売上利益 （売上利益率）	1,130 (21.3%)	1,000 (20.8%)	950 (21.1%)
経常利益 （経常利益率）	320 (6.0%)	280 (5.8%)	260 (5.8%)
当期利益 （当期利益率）	160 (3.0%)	140 (2.9%)	130 (2.9%)

(3) 分析結果

減収減益傾向にありますが、27／3期は配当金を▲2百万円という経営判断をしています。自己資金充当額が減少していますが、借入金額と銀行分担は不変ですから、大きな問題はないでしょう。

2　事　例　2

(1) 借入申出内容2

		25／3期実績	26／3期実績	27／3期計画
所要金額内訳	配当金	10	10	10
	税金	90	80	70
所要金額合計		100	90	80
自己資金充当額		22	10	0
銀行借入額		80	80	90
借入銀行	当行	60	60	60
	甲行	20	20	20
	乙行	—	—	10

(2) 業績概要

	25／3期実績	26／3期実績	27／3期計画
売上高 （平均月商）	5,300 （442）	4,800 （400）	4,000 （333）
売上利益 （売上利益率）	1,130 （21.3%）	1,000 （20.8%）	550 （13.8%）
経常利益 （経常利益率）	320 （6.0%）	280 （5.8%）	100 （2.5%）
当期利益 （当期利益率）	160 （3.0%）	140 （2.9%）	50 （1.3%）

(3) 分析結果

次のような問題点があります。

① 2期連続して減収減益傾向であるにもかかわらず、配当金を維持している。

② 自己資金充当額を大きく減じ、27／3期では必要金額を上回る借入れを計画としていること。

③ 新規に乙行を参入させたこと。

第6章　賞与資金

第1節　事例紹介

支店長：高岡君、Ｚ社宛の賞与資金の件だが……。

高　岡：はい、前回とまったく同額です。

支店長：Ｚ社宛の賞与資金貸出はここ数年間いつも同額だね。

高　岡：はい、そうです。

支店長：でも、おかしいと思わないか。Ｚ社は2年ほど前から業績が悪くなってきた。去年は創業以後初めての赤字になったといっていた。そこで希望退職者を募り、人員削減も行ってきている。それなのに賞与資金がずっと同じ金額であるというのは不自然に感じないか。

高　岡：そういわれればそうですね。

支店長：そんなに脇が甘いのでは困るな。賞与資金貸出は「前回と同じ」ということで安易に採り上げてきたのかな。いままではきちんと返済されているから問題にならなかったが、Ｚ社の最近の業績は悪くなっている。賞与資金が返済されなくなるようでは困るよな。だったら、賞与資金といえども安易に考えずに、実態を把握して、申出内容の妥当性をしっかりとチェックしてほしい。

高　岡：賞与資金の妥当性といっても、そんなに調べることはないですよ。

支店長：前回の賞与時と今回の賞与時で従業員数は何人減ったか、正確に把握しているか。従業員数がわかれば、1人当たり支給額がわかる。業績が悪化しているのに、前期と比較した1人当たり支給額が50％も増えていたらおかしいと思うだろう。

> 高　岡：わかりました。

　賞与資金貸出は比較的簡単な貸出です。なぜなら、資金使途が賞与支払いということがわかっているからです。しかし、前回実績と同じ申出であるケースが多いことから、安易に事務的に流していますと、落とし穴があるかもしれません。

第2節　賞与資金とは何か

　賞与資金とは、一般的には夏と冬に従業員に支給するボーナス（賞与）を支払うために調達する資金を指します。
　企業にとっては一度にまとまった資金の支払いになるため、借入れにて資金調達することが一般的です。

第3節　賞与資金の検討

　賞与資金は、通常年2回、従業員宛の賞与支払いに使われる資金です。所要額は支払賞与金額の範囲内に限られます。
　賞与資金の支払総額はいくらが限度であるという会計上・法律上のしばりはありません。賞与とは、法人税法第35条4で「臨時的な給与」と定められていますが、その解釈は「給与の後払い」「利益の配分」の二つがあり、いずれかの考え方によって、支払われています。
　「給与の後払い」という解釈に立っている企業は赤字決算であってもある程度の金額を支払いますが、「利益の配分」という解釈の企業は赤字決算では賞与は支払わないということもありえます。したがって、賞与資金の妥当性という問題には、支給総額が企業の体力を損なうほどのものであるかを慎重に検討する必要があります。
　一般的には、「従業員数×平均給与×支給率（「月給の〇カ月分」という数

値)」で賞与総額の見当がつきます。

　また、賞与資金も一部を自己資金で充当することがあります。自己資金の充当割合が極端に落ちてきたり、前記によって算出したおおよその賞与総額を上回る賞与金額の借入申出に接した場合は、内容をよく精査する必要があります。

第4節　賞与資金貸出の採上げ方

(1) 採上げ方

　賞与資金は決算資金と同じく、企業にとって通常年2回の資金需要として発生します。借入期間は次回の賞与資金調達時までに返済すべき性格ですから、賞与資金は期間6カ月の手形貸付で許容し、分割返済にするのが一般的です。

　賞与資金は、決算資金とほぼ同時期に発生するため、決算資金と同時に資金調達する場合もあります。この場合「決算賞与資金」と称します。

(2) 返済原資

　賞与は当期に発生する経費ですから、当期の利益から分割して返済されます。

(3) 注意事項

　賞与資金は企業からみると借りやすい資金であり、銀行にとっては簡単な貸出という認識になっているように思われます。そのため、資金使途の検証という意味でも、前回実績と同じという申出ならば安易に許容する傾向を否めません。

　しかし、次のような事例があることも知っておいてください。

　X社の賞与資金は過去からA行が1行で支援していました。ある時、賞与資金はB行から借りることに変更したいという申出があり、B行はその申出に応ずるかたちで賞与資金貸出を実行しました。この賞与資金貸出は6カ月の分割返済で返済されました。そこまではなんの問題もありませんでした。

後日になって、B行が賞与資金貸出を許容した6カ月間のA行からの借入残高の推移をみると、同額の短期貸出が実行・分割返済されている事実がわかりました。この事実の背景として、賞与資金は従来どおりA行から調達し、B行からは他の資金使途目的の借入れを賞与資金として偽って借りたことが明らかになりました。

このように、後ろ向き資金を賞与資金と偽って借りるケースがあるという事例も知ってください。

第5節　具体的事例の検討

ここでも次の二つの事例について具体的に検討しましょう（金額単位：百万円）。

1　事 例 1

(1) 借入申出内容1

	25／6月実績	26／6月実績	27／6月計画
所要金額(百万円)	180	180	160
従業員数(人)	255	250	240
1人当たりの賞与(千円)	706	720	667
自己資金充当額(百万円)	30	30	30
銀行借入額(百万円)	150	150	130
借入銀行　当行(百万円)	100	100	90
借入銀行　甲行(百万円)	50	50	40

(2) 業績概要

(単位：百万円)

	25／3期実績	26／3期実績	27／3期計画
売上高 （平均月商）	5,300 (442)	4,800 (400)	4,500 (375)
売上利益 （売上利益率）	1,130 (21.3%)	1,000 (20.8%)	950 (21.1%)
経常利益 （経常利益率）	320 (6.0%)	280 (5.8%)	260 (5.8%)
当期利益 （当期利益率）	160 (3.0%)	140 (2.9%)	130 (2.9%)

(3) 分析結果

2期連続して減収減益のなか、従業員数が減り賞与総額および従業員1人当たりの賞与支給額も減額での借入れの申出です。資金調達については、自己資金不足として借入金を減らしています。また分担率もおおむね2：1を保っていることから問題のない借入申出といえます。

2 事例 2

(1) 借入申出内容2

		25／6月実績	26／6月実績	27／6月計画
所要金額(百万円)		180	180	180
従業員数(人)		255	250	200
1人当たりの賞与(千円)		706	720	900
自己資金充当額(百万円)		30	30	30
銀行借入額(百万円)		150	150	150
借入銀行	当行(百万円)	100	100	100
	甲行(百万円)	50	50	50

(2) 業績概要

(単位：百万円)

	25／3期実績	26／3期実績	27／3期計画
売上高 （平均月商）	5,300 (442)	4,800 (400)	4,000 ↘ (333)
売上利益 （売上利益率）	1,130 (21.3%)	1,000 (20.8%)	550 ↘ (13.8%)
経常利益 （経常利益率）	320 (6.0%)	280 (5.8%)	100 ↘ (2.5%)
当期利益 （当期利益率）	160 (3.0%)	140 (2.9%)	50 ↘ (1.3%)

(3) 分析結果

業績は大幅な減収減益、かつ従業員が大幅減員になっているにもかかわらず賞与資金が同額となっています。明らかに借入金額が不自然です。実際に支払われる賞与資金に他の目的の資金を上乗せした借入れのように思われます。

第7章　季節資金

第1節　事例紹介

〈場面1〉

支店長：金丸君、P社宛貸出の季節資金についてだが……。

金　丸：例年と同じ金額です。

支店長：だが昨年の許容した季節資金は回収できていないよね。

金　丸：はい、そうです。

支店長：どうしてそうなったの。

金　丸：昨年の季節資金は、とりあえず期間1年の経常単名で継続しています。

支店長：それはまずいな。いつになったら返済されるかわからないのか。そのままだと経常化してしまうぞ。どのような事情があったの。

金　丸：P社はおもちゃ（玩具）の製造を行っています。デパート等でのおもちゃの販売はクリスマスの時期が山なので、それに合わせるかたちでP社はおもちゃを製造します。そのために、例年10月に材料を仕入れる季節資金の需要が発生します。昨年も2億円の季節資金を期間6カ月で貸出しました。ところが昨年は、P社の製品をいつも買ってくれていたQ社（一次問屋）とトラブルがあったようで、製造したのにほとんど出荷できなかったと聞いています。

支店長：どういうトラブルなのか聞いてみたか。

金　丸：くわしくは教えてくれません。

支店長：それは困るな。少なくとも、貸出した金額が約束の期限に返済

　　　　されないという事態を招いているのだから、P社にはしっかりと
　　　　説明をしてもらわないといけない。P社とQ社のあいだでどうい
　　　　うトラブルがあったのか、どちらかが誠意を欠いたことがあり何
　　　　か感情的な問題があったのか、それとも製品に欠陥があったの
　　　　か。それが解決しないで、例年と同じ金額だから今年も貸出しま
　　　　すとは安易にいえない。
　　　　　そうじゃないと、今年製造したおもちゃをQ社が買ってくれる
　　　　かだってわからないではないか。
金　丸：そうですね。
支店長：まずは昨年の季節資金の返済について、どのように考えている
　　　　のかを聴取してください。そして、Q社との関係、今年の販売メ
　　　　ドについても聞いてきてください。
金　丸：わかりました。

〈場面2〉

支店長：村上君、W社の秋冬物仕入季節資金だが、今年の借入申出金額
　　　　は前年比＋20％と増えているが大丈夫か。
村　上：大丈夫だと思います。
支店長：どうして大丈夫だと思うのか。君が大丈夫というその根拠を教
　　　　えてほしい。
村　上：根拠といわれましても……。W社が「この金額で」といってき
　　　　たのですから……。
支店長：私がいつも、顧客の申出を鵜呑みにしないで、自分の頭で考え
　　　　納得することが大切だといっているだろう。顧客の申出を疑うわ
　　　　けではないが、健全な懐疑心で借入申出の内容を考えることが大
　　　　切だぞ。
村　上：どのように考えたらよいでしょうか。

> **支店長**：W社はアパレルの商社で、販売先は大手デパート宛が90％となっている。私が懸念することは2点ある。一つは今年の冬は昨年以上に暖冬という予想になっている。前年比＋20％も秋冬物を仕入れて売れ残らないかという点。もう一つは、デパート業界の販売力の低下だ。小売統計をみても、デパートの売上はここ数年、前年比マイナスの状況が続いている。景気がよくならないと消費者は衣料品に金を出すことは控える、買うにしても安売りのU社で我慢するということにならないかという点だ。
> **村　上**：たしかに支店長が仰る点はありますね。
> **支店長**：感心しないで、それを検討するのが貸出担当者の役目だ。個人消費動向とデパート業界の状況、また今年の流行の色や柄はどうなのかについても調査部に聞いて、それをW社にぶつけ、W社の考え方を聞いてほしい。
> **村　上**：はい、よくわかりました。

第2節　季節資金とは何か

1　季節資金の概要

　企業は、その取り扱う商品によって資金が必要となる時期と、資金に余裕ができる時期があります。そのことは売上が季節的に変動することにリンクしています。

　季節資金とは、一時的在庫積上げ的要素を備えた増加運転資金といえます。具体的には、商品・製品の需要時期が毎年同じパターンで現われる際、それに備えて商品の仕入、材料の調達を図るための資金です。

　季節資金は、毎年恒例的に、同じパターンで発生します。取り扱う商品や製品によって、年間2回の資金需要が発生する場合と、年間1回の場合とが

あります。

　たとえば、〈場面２〉の衣料品はその典型で、春夏物と秋冬物の仕入というかたちで年２回の資金需要が発生します。家電では、夏は冷房関連家電、冬は暖房関連家電、食品では夏のビール、アイスクリームなども製造や販売に季節性が高いといえます。

　季節資金需要がきちんとしたパターンに収まるためには、夏は暑く、冬は寒くならないと、業界は困ります。冷夏、暖冬では、季節商品の最終消費需要が伸び悩むことになります。その結果、売上が予定どおり伸びず、季節資金借入れが返済できない状況に陥ることになりかねません。暖冬では冬物の衣料品の販売は苦戦し、暖房器具が売れ残ったり、冷夏では夏物の衣料品の売上は伸びす、ビールやアイスクリームの消費が落ち込むということになります。

　このように、季節資金の返済は天候不順という未確定要因によって販売計画に大きな影響が出ます。季節資金の返済は、季節商品の売上代金の回収によるため、その貸出判断においては、販売計画の妥当性をしっかりと検討することが必要となります。

2　季節資金の発生要因

　季節資金の発生は、季節的に発生する一時的な収支ズレが原因です。収支ズレを支えるのは経常運転資金ですが、季節資金は経常運転資金と異なり、まさに季節的・臨時的な資金繰りによって必要となるものです。

　季節商品は需要期を迎える数ヵ月前から必要な原材料や商品の在庫手当（仕入）を行います。この季節的要因に基づく仕入資金、あるいは一時的在庫積上げ資金を季節資金借入れで賄います（以下①）。そして、季節商品が需要期に販売されることによって、売掛金または受取手形となり（以下②）、資金化した現金あるいは受取手形の割引（以下③）、または受取手形の期日到来で返済されます。

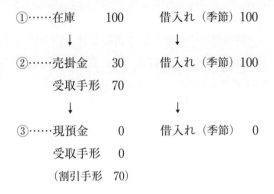

3 季節資金の間違った認識

　季節資金と称して貸出している事例をみると、季節資金とはいえない貸出がみられます。季節資金について間違った認識をしているものです。
　季節資金の間違った認識について説明してみます。
〈その1〉アパート・マンションの賃貸物件仲介斡旋業者向け貸出
　・毎年3月貸出実行、期間1年均等返済
　・担当者の認識は、3〜4月は学生の卒業・入学、新入社員や社会人の転勤・異動等により賃貸物件が年内でいちばん大きく動く（売上が集中する）ので、この時期に実行する貸出は季節資金……!?
　・認識の間違いは、売上が一時期に集中するため季節資金と認識していますが、季節資金貸出の本質は一時的に積み上がる在庫資金です。アパート・マンションの賃貸物件仲介斡旋業者がその時期に借入れした資金で仲介斡旋する物件を自社所有にしていますか？　自社所有の物件を販売する場合、賃貸物件仲介斡旋業者とはいいません。
　・そもそもの資金使途を正確に把握している貸出とはいえません。
〈その2〉観光バスを保有する旅行業者
　・毎年秋（10〜11月）に貸出実行、期間1年均等返済
　・担当者の認識は、社内旅行等は秋に集中しているため、この時期に実行する貸出は季節資金……!?

- 認識の間違いは、売上が一時期に集中するため季節資金と認識していることです。季節資金貸出の本質は一時的に積み上がる在庫資金という性格をもちますが、この業者は毎年、観光バスを借入れで購入しているのですか？
- これも、資金使途を正確に把握している貸出とはいえません。

〈その3〉水産加工商品製造業者
- 毎年秋頃に貸出実行、期間1年乃至1年半の均等返済
- 担当者の認識は、水産加工食品（缶詰等）の原料となる当該水産物（魚）は秋に獲れるため、この時期に実行する貸出は季節資金……!?
- 認識の間違いは、製造した缶詰等の商品を販売する時期は季節的に特定されているとはいえません。缶詰という商品は保存が効くため、販売が翌年になることもあります。
- この貸出は仕入資金という性格といえます。

第3節　季節資金の検討

1　季節資金の発生時期

　季節性のある商品・製品を製造・販売する業種では、仕入・販売する時期は一定しています。したがって、そのための資金需要は毎年同じ時期に発生します。過去の季節資金借入時期と比較して、時期がずれている場合は注意が必要です。その場合は、必ず原因を聴取して、借入時期の妥当性について検証しなければなりません。

2　季節資金の金額

　季節資金は、決算賞与資金と同じように、借入申出金額が前年と同額である場合、企業は借りやすいと思い、銀行も深く検証しないで貸出を実行しがちです。しかし、季節性のある商品・製品は、天候や流行等の影響で売れ行

きが大きく左右されることがあります。

〈場面1〉のように、製造したが販売できずに在庫になっているケースは、企業の資金繰りのみならず、企業経営上の大問題になりかねません。したがって、前年実績を上回る借入金額の場合はもとより、前年実績並みの金額の場合も、当該季節性商品の販売計画と販売見通しについて毎年検証する必要があります。昨年売れたから今年も同じ商品・製品が売れるとは限りません。

そこで、当該季節性商品の需要時期の天候予想や消費者動向・流行等について調査部を利用して検討を加えることも必要となってきます。

第4節 季節資金貸出の採上げ方

(1) 採上げ方

季節資金は、資金需要の発生時点から販売までの間は、在庫の増大であることから、銀行は手形貸付の形態をとるのが一般的です。期間は6カ月が一般的ですが、季節性商品・製品の性格によっては期間1年で採り上げる場合もあります。

返済方法は、売上代金の回収状況によって、分割返済または期限一括返済、あるいは割引に乗り換えて返済されます。

(2) 返済原資

返済原資は、当然のことながら季節性商品・製品の売上代金の回収資金となります。

(3) 注意事項

季節性商品・製品は、前述したとおり、天候や流行に左右され、消費者動向によって売れ残りリスクがあります。季節性商品・製品が売れ残った場合、次のような問題が生じます。

① 期限に返済ができない。

→例年にない単名借入れの申出あり（〈場面1〉のケース）。

② 在庫として残る。
　→在庫資金が必要となる。

　売れ残り商品・製品が、翌期に持ち越し在庫として越年した場合、新たな借入れによる金利負担の増加、資金繰りへの影響が生じます。また、アパレルは流行が変化したり、食品は鮮度が落ちたりして、売れ残り在庫が欠損に繋がる場合もあります。

　売れ残った商品は、バーゲンセールや在庫処分市という場で売られたり、俗にいう「半値八掛け二割引」といわれる実質赤字覚悟の販売が行われたりすることになります。

　このようなことから、季節資金貸出の場合は需要予測が大切になります。また、季節資金の名目で後ろ向き資金の調達を図られることもありますので、季節資金としての資金使途であることの確認もしっかりと行うべきです。

第8章　工事立替資金

第1節　事例紹介

〈場面1〉

支店長：東山君、工事立替資金の貸出を行うときの基本は知っているよね。

東　山：はい。

支店長：では、ポイントを二ついってみなさい。

東　山：一つは工事請負契約書を徴求して契約の中身を確認すること。もう一つは工事代金の受取口座を当行に指定することです。

支店長：わかっているのに、二つとも守られていないのはなぜだ。

東　山：請負契約書は発注元からまだ出ていないというので見積書で代用しました。受取代金の入金口座を当行の口座に替えるように交渉はしたのですが、一度決めた指定口座は変えられないということです。

支店長：見積書では、その見積金額で工事が本当にこの会社に発注されたかどうか確認できないし、受注金額も確認できないぞ。

東　山：請負契約書が出たらコピーをもらってきます。

支店長：コピーではダメだ。請負契約書の原本で、発注先・受注金額・工事期間・代金支払条件とその日程・代金支払方法を確認してほしい。なぜコピーではダメかわかるか。

東　山：……。

支店長：コピーでは、請負契約書の真実の中身を確認できないからだ。業者によっては、原契約書の金額や期日の箇所を切り貼りしたうえでコピーをとったものをもってくる者もいる。私もそういう事

実を何度か経験した。だから、必ず原本で確認するように。それに加え、代金の受取口座は絶対に当行に指定してもらうように。一度指定したら変更ができないといわれたようだが、それは間違いだ。この種の代金受取口座は工事のつど指定することになっている。指定替えに応じられないというなら、この貸出は「NO」だ。代金受取の入金口座を当行に指定できないと言い張る場合、同じ説明で他行からも借りている可能性があるから、入金口座の指定替えに応じない立替資金貸出は絶対にしてはいけない(注)。

東　山：わかりました。交渉します。

支店長：それから、工事請負契約書をみないとわからないが、代金支払条件がどうなっているか、すなわち、前受金は中間払いの有無を確認すること。現金で支払われる場合の入金口座は、いまいったように当行に指定してもらうにしても、現金支払いが何割で、手形支払いが何割かある場合は、手形ももらって当行で割引するか取立てを行い、返済原資に充てさせるように。

東　山：はい。わかりました。

(注)　工事発注が地方公共団体の場合、地方公共団体には指定金融機関制度がありますが、支払代金受取口座は指定金融機関以外の銀行にも指定替えができます。

〈場面2〉

支店長：沢中君、D社宛の工事立替資金貸出の相談メモのことだけど、この借入申出の資金使途はどうみても工事立替資金とは思えないな。まず工事請負契約書がない……。

沢　中：工事請負契約書はまだもらっていませんが……。

支店長：なぜ、工事請負契約書で内容を確認する前に貸出相談メモが出てくるのだ。D社は、銀行が内容を確認できないうちに、貸出の

　　　　内諾を先にもらっておきたいという魂胆ではないか。私は、おそらくこの貸出内容に合致した請負契約書はないと思う。資金需要が2億円のうち借入れが3,000万円というところだけをみると、自己資金充当額が多くてよさそうにみえるが、3,000万円を期間2年で約定返済をつけるという話は、どうみても不自然だ。

沢　中：D社によると、代金回収は出来高に応じて、毎月末に締めて、2カ月後に現金30％、手形70％（サイト3カ月）となっているので、最初の手形期日から最終の手形期日までを元金均等返済で返すといっています。

支店長：毎月末に工事の出来高を評価して回収金額が決められるというようなことは聞いたことがない。出来高による回収方法で、約定返済金額が決められるのか。そもそも所要金額2億円を要するといいながら、1億7,000万円の自己資金がありながら、その15％である3,000万円を最初に借入れして、2年間で返済するということ自体がおかしい。おそらく他の資金使途が隠れていると思う。とにかく、工事請負契約書をもらって借入申出内容との整合性をチェックしてから相談メモを作り直してください。

沢　中：わかりました。

　───後日、沢中君が資金使途を検証してみたところ、3,000万円は工事立替資金ではなく、親会社からの借入金を返済する資金使途であることが判明した。

　───資金使途を偽って借入れをしようとしたD社と、工事請負契約書をもらわないで貸出相談メモを回してきた沢中君に、支店長は基本に忠実であることの重要性を説いた。その後、3,000万円は株式担保でフルカバーできることになったので、約定返済付で期間2年の貸出が実行された。

第2節　工事立替資金とは何か

　土木建設の請負業者には、工事ひも付立替資金という性格の資金需要が発生することがあります。工事請負においては、契約時に前受金、中間時に中間金、最後の検収後に残金の支払いを受けるのが一般的です。したがって、土木建設業者は、前受金と中間金で材料費や外注費等の諸経費に充てる資金繰りを組みます。

　しかし昨今、公共事業の発注主体である地方公共団体の予算が逼迫している状況や、受注競争の激化に伴い、土木建設業者は代金受取は検収後の一括支払いでもよいという売り込みで工事請負契約をとることから、工事ひも付立替資金という貸出が発生するようになりました。

　この貸出の最大の特徴は、返済原資は企業（土木建設業者）の利益からではなく、工事発注元から支払われる受取代金によるという点です。それは、貸出金の使途が、請負工事を行うために必要な先行費用（材料費・外注費・その他諸経費）を賄うという大きな金額だからです。

第3節　工事立替資金の検討

　工事立替資金は前記性格によることから、この貸出の実行に際しては、工事請負契約書を必ず徴求し、発注元、受注金額、工事期間、代金支払条件、代金支払方法を確認することが重要なポイントです。

　そして、それぞれのポイントについて、次のような確認が必要です。

　まず大切なことは、工事請負契約書は必ず原本で内容を確認することです。なぜならば、同契約書のコピーでは原本記述を恣意的に改ざんしたコピーであったり、同じコピーを複数枚使ったりして複数の銀行から借入れを行うケースがあるからです。したがって、工事請負契約書の原本を取り寄せ、以下諸点についてチェックしてください。

　①　発注元……信用力＝支払能力は大丈夫か。

②　受注金額……借入申出金額との整合性はあるか。
　③　工事期間……貸出期間との整合性はあるか。
　④　代金支払条件……支払日を確認し、支払場所＝代金受取口座は必ず当行指定とする。
　⑤　代金支払方法……現金支払分は当行口座への振込指定は絶対条件とし、手形支払分は当行による割引あるいは当行から取り立てる確約をとる。

　内容を確認した工事請負契約書の原本は銀行でコピーし、保管しておくとよいでしょう。

　これらのチェックから、貸出金額は受注金額以下が前提となります。また支払条件に前受金が明記されている場合は、「受注金額－前受金」が最大貸出金額となります。そして、貸出期限は代金支払日に合わせることが基本になることはいうまでもありません。その際、手形支払いが60％である場合、借入金の60％は手形割引による代わり金によることになります。このように、工事請負契約書記載内容と貸出条件との整合性が大切なことです。いやしくも、目標達成のために、工事請負契約書記載の受注金額を上回る数字の貸出を実行してはいけません。

第4節　工事立替資金貸出の採上げ方

(1)　採上げ方

　前述したとおり、貸出金額は「受注金額－前受金」の範囲内、貸出期間は代金支払日までとします。一般的には短期の手形貸付で期限一括返済で許容することになります。

(2)　返済原資

　工事請負契約書に記されている代金支払方法によります。現金支払いの場合は振込指定口座の入金額から、手形支払いの場合は自行における割引あるいは取立代わり金となります。

(3) 注意事項

「工事の発注者は地方公共団体であるから返済は確実」とか「大手スーパーゼネコンだから支払いは安心」ということで、安易に貸出した結果、実態は工事立替資金ではなかったという場合があります。実態が赤字の土木建設業者は、資金繰りが苦しいとき、この工事立替資金という借入形態を悪用する場合がありますので、次の諸点に注意が必要です。

① 最初に確認すべき事項は、本当に工事立替資金が発生する借入申出であるかどうかです。借入申出に際し、「見積書」や「注文書」を根拠にしての借入申出には注意が必要です。「見積書」や「注文書」では、工事を受注できたことの確認はできません。工事立替資金の借入申出の内容は、必ず「工事請負契約書」によって確認してください。

② 「工事請負契約書」をも悪用するケースがあります。一つは、同契約書をコピーし、記載内容を書き換えて再コピーした契約書を示して借入申出をする方法です。受注金額を割り増したり、工事期間を長く書き換えたりすることで、資金繰りを楽にしたいと考えての契約書偽装です。もう一つは、複数行から借りるために契約書コピーを複数枚作って、複数の銀行から借りるという方法です。どちらも不良貸出に繋がるため、工事請負契約書は必ず原本で確認しなければなりません。

③ 工事請負契約書の原本を複数行にみせて借りるケースもあるので、入金受取口座は自行に振込指定させることが工事立替資金貸出の絶対条件になります。振込口座の指定替えについて抵抗し、指定替えができないという理由を列挙する土木建設業者がいたら、その工事立替資金貸出は行わないことが賢明です。なぜならば、工事請負契約における代金支払条件は、「つど指定する」ことが一般的であるからです。指定金融機関制度をもつ地方公共団体が発注先であっても、受注企業はその地方公共団体の指定金融機関以外の銀行に入金受取口座を指定替えすることはできます。振込指定を拒む理由はただ一つ、同契約書

をもとにして他行からも借り、他行を入金口座として指定している可能性が高いということです。振込指定を得られないまま工事立替資金貸出を行うことは、債権保全がされない不良貸出を実行することに繋がります。

　工事請負契約書を交わすに際して、代金入金口座を発注先に届ける書類が別に必ずあります。「支払関連項目届出書」あるいは「工事代金振込指定届」に類する発注先提出書類を原本で取り寄せ、振込指定の確認をとることが大切です。

④　なお、工事立替資金貸出では、約定弁済付という考え方はありません。先行する経費支払いの立替えですから、ひも付の工事が終わり、代金が支払われれば一括返済になります。

⑤　複数の工事立替資金を許容する場合、工事１本ごとのプロジェクト管理表を作成し、返済状況のチェックを怠らないようにしなければいけません。工期の遅れ、検収の長期化、工事のやり直しという事態も起こります。場合によっては、貸出期間の延長や返済方法の見直しも必要になってきます。

第5節　土木建設業者について

1　土木建設業者の業者登録の確認

　建設業者は「建設業法第３条」に基づき、国土交通大臣または都道府県知事の許可が必要です。また、その有効期間は５年ごとに更新を受けなければいけません。建設業者としての許可が有効期限の範囲内であるかの確認は、各都道府県庁の建設業許可の担当部署に行けば無料で閲覧できます。また、インターネットでも確認できます。

2 土木建設業者の決算

　中小零細の土木建設業者は、発注先である地方公共団体や大手ゼネコンの受注指名業者リストからはずされないため、決算書を粉飾するケースがあります。赤字決算では指名業者からはずされることもあるので、赤字決算を黒字にみせかける粉飾決算が行われるのです。その疑惑を感じさせる二つの典型的パターンがありますので以下に紹介します。

　一つは、過去数年間の年商推移に大きな増減がみられるのに、経常利益は０～２百万円という低い金額で黒字確保している場合（後記事例Ａ）、もう一つは、年商はおおむね同水準で推移し営業利益はマイナスなのに、経常利益はやはり０～２百万円で黒字確保になっている場合（後記事例Ｂ）、このような会社の実態は赤字が疑われますので、決算書の精査を行うとともに、実態把握と信用調査をしっかりと行う必要があります。

〈事例Ａ〉　　　　　　　　　　　　　　　　　　　　　　　　（単位：百万円）

	01年	02年	03年	04年	05年	06年
年商	500	480	400	350	450	550
営利	20	10	5	2	10	15
経常	3	2	1	1	2	2

〈事例Ｂ〉　　　　　　　　　　　　　　　　　　　　　　　　（単位：百万円）

	01年	02年	03年	04年	05年	06年
年商	500	480	490	500	510	500
営利	▲10	▲15	▲10	▲15	▲10	▲8
経常	2	2	0	0	2	1

3 経営事項審査

　経営事項審査（略称「経審」）とは、公共工事を発注者から直接請け負う建設業者が必ず受けなければいけない審査です。

公共工事の発注機関は、競争入札に参加しようとする建設業者について資格審査を行うこととされています。その審査が経営事項審査であり、建設業者の経営状況・経営規模・技術力等について数値化して評価します。その審査は、国土交通大臣に登録した分析機関(注)が行っています。

　建設業者は、入札資格を確保するため、経営事項審査へ提出する決算書は、銀行に提出した決算書とは異なるものを出すことがあります。

　銀行は、公表される経営事項審査の結果についてみることも必要かと思います。

(注)　一般社団法人建設業情報管理センターなど。

第9章　肩代わり資金

第1節　事例紹介

〈場面1〉

支店長：池田君、このT社宛5,000万円の新規貸出の案件だが、資金使途は何かな。

池　田：売り込み資金です。

支店長：売り込み資金というのは、当行がT社に借りてほしいとお願いしたことを、売り込みといっているのであって、資金使途ではないぞ。たとえば、今度の決算資金はうち（当行）で借りてくださいというのが売り込み資金だ。

池　田：すいません。「他行の肩代わり資金」です。

支店長：A行（主力）の肩代わり資金ということはわかっている。でも「他行肩代わり資金」というのも資金使途ではない。私の質問は、肩代わりするA行がそもそもこの貸出を行ったとき、何の資金として貸出したのかという、当初の資金使途のことだ。

池　田：それは短期運転資金です。

支店長：期間が1年での採上げだから、短期運転資金ということはわかっている。経常運転資金も決算賞与資金も季節資金も短期運転資金だ。だから実際の資金使途は何かということを知りたい。

池　田：ええと、経常運転資金ではないか……と思いますけど。

支店長：池田君、「ええと」では困るぞ。君が書いた採上げメモは1年で約定弁済付という内容だろ。経常運転資金だったら通常、約弁はつけないぞ。訳もわからずに、顧客にいわれたままに採り上げるのはよくない。売り込み資金だからといって、なんでもかん

も肩代わりしてはいけない。肩代わり貸出の重要ポイントは、当初の資金使途は何であったのかだ。それによって肩代わり貸出を行う際の貸出条件が決まってくる。

―――その後、Ｔ社にＡ行から借入れしたときの資金使途を質問したところ、期間６カ月で借りた季節資金であることが判明した……。

池　田：支店長、この肩代わり資金の資金使途は季節資金でした。

支店長：ということは、季節資金で仕入れた商品が売れずに、Ａ行からの借入れを期限に返済できなかったので、その返済資金を当行から借りて１年で分割返済しようというねらいのようだね。要するに、不良在庫資金を当行が貸すということになる。Ａ行にとっては返済されていない季節資金貸出が無事返済されるが、その尻拭いの貸出を当行が行うということになる。そういう貸出は好ましいとはいえないし、そのような貸出を行うことはいかがなものか……。そうは思わないか。

池　田：そうですが……。新規取引が獲得できると思い……。

支店長：季節資金が返済できていないということは、不良在庫があるという懸念と同時に、資金繰りも苦しいという会社だぞ。そういう会社と新規取引を開始することと、取引しないことと、リスク的にはどちらがよいか考えてほしい。

池　田：はい、考え直してみます。

〈場面２〉

支店長：森山君、Ｕ社宛のこの肩代わり貸出（１億円・期間５年・約弁付）の件だけど。

森　山：はい、主力Ｂ行の設備資金貸出を担保付きで全部肩代わりします。

支店長：Ｂ行はこのことを知っているのか。

森　山：はい、知っています。社長は「Ｂ行へは話をつけた」といっています。

支店長：Ｂ行はそれを承知したのか。

森　山：はい、承知したと社長から聞いています。何か問題がありますか。

支店長：Ｂ行からＵ社に対して、「それは認められない」という巻き返しはなかったのかな。

森　山：社長は、あっさり認めてくれたといっていました。

支店長：主力銀行が、主力である証の設備資金貸出を簡単に手放すということは大変なことだ。なぜか、よく考えなければいけないぞ。Ｂ行がこの話を当行にとられても仕方ないと思うには何か理由がある。その一つはＢ行とＵ社のあいだにトラブルがあって、社長が主力行を変更するという通告を突きつけたのか、それともＢ行はこの会社から手を引く機会をねらっていて、当行が喰いついてきたことをよいことに、手を引く考えなのか。このどちらかだと思う。

森　山：……。

支店長：森山君、当社の銀行別取引残高一覧表はあるか。

森　山：はい、あります。

支店長：この１～２年の動きに変化はないか。

森　山：１年前に比べてＢ行の貸出シェアは45％から35％に下がっています。ええと、それから経常運転資金借入れの残高ですが、Ｂ行はこの１年間不変ですが、当行とＣ行の残高が増えています。また、前回の賞与資金は、従来はＢ行と当行だけでしたがＣ行が新たに加わっています。

支店長：銀行取引状況から判断すると不自然さが否めないな。ここで当行が１億円の設備貸出の肩代わりを行うと、当行が主力になる。ここは慎重に考えなくてはいけない。Ｂ行は、われわれがまだ知

らないU社の経営に関する内部情報を知っていて、貸出圧縮方針になっていたら、当行はババをつかむことになるが……。
森　山：業績もまあまあですし、心配はいらないと思いますが……。
支店長：業績がまあまあなのに、B行が主力銀行の地位を簡単に明け渡すことは考えにくい。森山君、決算書に粉飾はないか、あるいは関係会社や、このオーナー社長に何か問題が発生していないか、実態を一度くわしく調べてみる必要がありそうだ。主力銀行が主力の座を明け渡すには相応の理由があるはずだ。取引先とケンカしたことが原因ならいいが、経営内容が悪いことを察したB行が取引縮小方針を出している先を安易に肩代わりしては大変だ。
森　山：もう一度、決算書を精査します。また最近、不動産の担保設定状況に変化はないか、担保の時価取り分なども調べてみます。
支店長：そうしてくれ。肩代わり貸出だから、急いで判断する必要はない。ババをつかむ愚をおかさないように、もう少し実態を検証してみよう。
森　山：はい、わかりました。

第2節　肩代わり資金とは何か

　肩代わり資金は、借り手である企業側からみた場合「資金使途」ではありません。これは銀行側からみた「貸出形態」の一つです。
　企業の資金需要が乏しいなか、あるいは銀行間における顧客獲得競争という場面で、銀行が貸出残高を伸ばす方法として、他行からの借入れを肩代わりするという手段があります。肩代わり資金というのは、新たな資金使途による貸出ではありません。肩代わり資金貸出は、貸出残高の増大と新規顧客獲得の手っ取り早い方法として使われます。
　しかし、貸出残高の拡大という目標ばかりに目をとられ、安易に他行貸出

を肩代わりすると、後になってそれが不良債権につながる問題貸出になったというケースも多々あります。

　肩代わり資金は銀行間における貸出条件競争（金利の高低、担保差入の有無、返済方法の優劣等）だけが背景にあるのではありません。肩代わり資金をめぐっては、企業側と銀行側、あるいは銀行間同士においてさまざまな思惑と事情があるということを見抜かないと、結局は不良債権となる貸出の尻拭いに終わってしまうおそれがあるということも承知しておく必要があります。

　肩代わりする銀行と肩代わりされる銀行との間には、次の二つのケースがあります。一つは、優良顧客の奪い合いという場面です。既存借入銀行から優良顧客を奪取するために、貸出条件を既存借入銀行より低く・甘く提示することで肩代わりをねらう動き方です。もう一つは、キツネとタヌキの化かし合いの要素が潜んでいるケースです。内容がよくない企業宛貸出を切り離したいと考えている銀行が、借り手企業に対して借入れを他行に肩代わってもらうように意識的に仕向けることがあります。トランプに「ババ抜き」というゲームがありますが、まさに現貸出銀行が「ババ」である内容のよくない企業宛貸出を他行に抜いて（＝肩代わりして）もらうように動きます。その結果、肩代わりを行った銀行は、新規貸出の獲得・貸出残高の増加ということで喜ぶか、それとも期間を経てそれが不良貸出になることを知るかは、肩代わりした銀行次第ということになります。

　したがって、企業の実態把握を十分に調査しないで、量的拡大に目が眩み、安易に他行貸出を肩代わりすることは、健全ではない貸出債権をつかむ・つかまされるということになりかねないということです。肩代わり資金は、優良顧客宛取引をねらって行うことが大切です。

第3節　肩代わり資金の検討

　企業が銀行借入れを行う場合、既存の取引銀行に借入申出を行い、資金使

途に合った借入条件で貸出が実行されます。ところが、企業側にとって思いどおりの借入条件が得られず不満を残しながら借り入れた場合、借入れ後であってもその借入条件よりも有利な条件を提示してくれる他の銀行が現われると、借入銀行を乗り換えたいという考えが生じます。

あるいは、借入条件とは別の問題で、既存借入銀行とトラブル（意見の衝突、銀行の事務ミス、人間関係等）が生じた場合、借入銀行を変更したいということがあります。

このような場面に至った場合、企業はすぐに借入れをしている銀行を乗り換えるでしょうか。また、貸出を行っている銀行は既存貸出取引についてどのような判断を行うでしょうか。

1　企業がとる行動

筆者は、企業と銀行の関係を夫婦に例え、企業を「夫」、既存借入先銀行を「妻」として話をすることがあります。その場合、新たに顔を出して肩代わりを画策する他の銀行を「恋人」に例えます。

いま、恋人がこの夫婦の夫に働きかけ、妻より魅力的な貸出条件（低い金利、担保不要等）を囁きました。恋人から甘い言葉をかけられた夫は、永年連れ添った妻に三行半をつきつけ、妻より魅力的な恋人に走るかもしれません（肩代わり成功）。一方、恋人からの甘い声には見向きもせず、永年連れ添った「糟糠の妻」を大切にする夫もいます（肩代わり不成功）。その際、夫は妻に対して、恋人のよい面を真似てほしいということがあるのではないでしょうか。

企業によって、メリット本位でドライに取引銀行を換える企業と、既存取引銀行との取引歴や信頼のもと、話し合って解決する企業とがあります。一般的にいわれていることは、新たな恋人と一から信頼関係を築いていくには相応の年数が必要であり、次に新しい恋人が現われるとまた心が動くような夫には、いつになっても本当の意味で支えてくれる妻は出て来ません。ましてや、夫が病気になったとき、ケガをしたとき、悩み事があるとき、恋人は

永年連れ添った妻が諫言してくれるような関係までに簡単にはなりえないのではないでしょうか。したがって、夫たる企業は、妻の立場にある主力銀行との関係を大切にすることが望ましいと、筆者は考えます。

　常識的には、現在借入れをしている銀行へ行き、他行から示された条件に合わせてほしいという交渉を行ったり、トラブルの解消に努めるのが普通です。その努力が叶わないとき初めて、借入銀行の変更について考え始めることになると思います。

　企業が肩代わり貸出に応ずるには、それなりの事情と思いがあるはずです。銀行は自らの事情だけで判断するのではなく、企業が銀行を変えたいと判断するに至った問題の所在と真の意味をしっかりと把握したうえで、慎重に判断すべきと考えます。

2　銀行がとる行動

(1)　既存貸出がある（被肩代わり銀行の）場合

　既存貸出を行っている銀行が、借入企業から借入銀行の変更（＝被肩代わり）の話を切り出された場合、どのように考えるでしょうか。

　① 企業内容もよく、永年にわたる親密かつ重要な取引先だから、既存貸出を他行にとられたくない。ここは儲けが少なくなるけれど（貸出金利の引下げ）、残高が減るよりはマシと考え、貸出金利を見直そう。

　② 企業内容もよく、永年にわたる親密かつ重要な取引先だから、この貸出を他行にとられたくない。しかし、事務的ミスが続き、その応対に関しても信頼を失い、社長を怒らせてしまった。銀行として誠心誠意話し合い、対応したが社長の怒りが収まらないので、貸出を積極的に防衛するのはむずかしい。一部貸出ならば他行肩代わりもやむをえないか。

　③ 企業内容もよく、永年にわたる親密かつ重要な取引先だが、今回の借入申出は無謀な計画だったので、できればその事業化は思いとどまらせたかった。仕方なく厳しい条件で貸出を実行したが、肩代わりし

てくれる銀行があるなら、肩代わりされても仕方ない。
④ 最近数年間の業績は低迷しており、事業内容の将来性や後継者の経営手腕にも疑問がある。徐々にシェアダウン方針なので、肩代わりしてくれる銀行があるなら、そちらに任せよう。
⑤ 他行はまだ粉飾決算に気づいていないようだ。当行としては取引解消方針である先なので、肩代わりしてくれる銀行が現われるなんて「渡りに船」だ。

以上、いくつか想定される状況を書き出しました。既存貸出を行っている銀行には、防衛に強くこだわる場合（①）と貸出取引を解消したいという思惑が存在する場合（⑤）とがあるでしょう。

(2) 肩代わりを仕掛ける銀行の場合

そこで肩代わりする側の銀行はどのように考えるべきでしょうか。前記の③④⑤の背景がある貸出の肩代わりを行うということは、貸出リスクを負うことになります。

肩代わり資金は、単に貸出残高を大きく伸ばしたいという目的と、思惑がある貸出リスクとのバランスをどのように考えるか、きちんと見極めなければいけません。

世の中に、そんなに「うまい話」は転がっていません。「うまい話」には裏や棘（トゲ）があるという教訓を忘れないようにしてください。

逆の立場になって考えてください。銀行は、絶対に譲れない・渡せない優良貸出先を安易に手放すようなことはしません。貸出の条件面（金利等）で妥協しても、必ず取引を防衛のために対策を講じるはずです。一方、不良債権になる可能性が高い貸出や、不良債権として認定せざるをえない貸出は消極方針を掲げ、残高を減らす、または手放したいと考え、厳しい態度や対応を意識的に図り、肩代わりを仕向ける行動、あるいは肩代わりを簡単に容認するという行動をとります。

第Ⅱ編の内容を思い出してください。第1章では「貸出業務の王道」を説き、第2章では「良質貸出推進」を説き、第3章では「貸出業務の根源＝資

金使途の見極め」を説きました。他行肩代わり貸出には、この第Ⅱ編の要素が凝縮した判断が求められているということです。

他行肩代わり貸出で陥りやすい過ちは、貸出残高を増大させたいという目的のために、金利を下げてとってくること、担保が十分あるから大丈夫ということで、十分な事業性評価を行わないことにあります。

第4節　肩代わり資金貸出の採上げ方

他行の既存貸出を肩代わりする場合、その採上げ方は、被肩代わり銀行が許容している貸出条件と同じが基本となります。

しかし実際に肩代わりを行うときは、金利以外にも貸出条件面での緩和依頼の要求があることが多々あると思います。しかし、安易な妥協を行って、後々、不良債権に繋がることがないように、債権保全を第一に考えた対応をしなければいけません。

具体的には、以下のような要求が考えられます。

・返済方法を、約定返済ではなく期限一括にしてほしい。
・短期借入れを長期借入れに変更してほしい。
・担保を免除してほしい。

貸出条件を緩くして肩代わりを行うということは、債権保全リスクが高まるということを忘れないでください。

肩代わり資金貸出で絶対にやってはいけないことは、複数本ある借入れ（短経常運転資金を含めた短期運転資金・設備資金）を一本化して、長期約弁付で許容することです。このやり方は、数字欲しさのもので、資金使途もみず、返済原資・返済方法もいい加減な採上げ方であり、真っ当な貸出業務とはいえません。

また、事業性評価も十分に行わないまま肩代わりすることで、一挙に主力銀行になることも絶対にやってはいけないことです。

どちらも恥ずかしい行為であり、貸出業務というより数字競争のゲームを

行っているとしか思えません。貸出担当者として失格です。

第5節　肩代わり貸出の真偽

　肩代わり資金貸出において、次のような事例がありますので注意をしてください。

支店長：（甲社の経常単名の継続稟議書をみて）中島君、この会社は、半年前まで主力Ａ行から借りていた経常運転資金を当行が肩代わった先だよね。

中　島：はい、5,000万円肩代わりしました。

支店長：銀行取引残高一覧表をみてごらん。君が作った資料をみると、Ａ行からの経常運転資金借入れの残高は減っていないじゃないか。

中　島：あれ、本当だ。すぐに確認します。

支店長：先方に確認する前に、ここからどういうことが考えられるか。それを知ったうえで確認しないと、また先方のいったことを鵜呑みにして、伝言ゲームになっては困るからな。

中　島：たぶん、Ａ行の残高が間違っていると思います。

支店長：事務的なミスということだけではなく、いろいろなケースが考えられる。①経常運転資金の肩代わりと称して当行から借り、実際は他の資金使途に流用した場合。②経常運転資金の肩代わりと称して借り、Ａ行の他の借入れ（経常運転資金以外）を返済した場合。③経常運転資金の肩代わりと称して借りたが、Ａ行が返済に応じない場合……。

　甲社には、最初から詰問調に強く迫るのではなく、銀行取引残高一覧表をみてちょっと気づいたということで、ソフトに聞いてください。

中　島：はい、すぐに聞いてみます。

　他行肩代わり貸出を実行すれば、当行の貸出残高が増え、被肩代わり銀行の当該貸出残高は減るのが当然です。この確認は必ず必要です。稀に、被肩代わり銀行の残高が減っていない場合があります。前記会話で支店長が話しているように、いくつかのケースが考えられます。

　①は、資金使途を偽って借りたうえで、勝手な資金使途に流用しており、看過できません。

　②は、経常運転資金の肩代わりと称して当行から借りた資金で、Ａ行から借りている他の借入金の返済に使っています。これはＡ行から借りた季節資金や決算賞与資金が期限に返済できなくなり、当行から調達した肩代わり資金で返済する場合があります。要するに、結果的にはＡ行貸出の尻拭いに利用されたということになります。

　③の場合、二つのことが考えられます。一つは、実態は①や②なのですが、顧客がそれを認めず、Ａ行が返済に応じないと言い張り、これを言い訳にする場合。もう一つは、事実として、主力Ａ行が肩代わりを認めず、返済できないでいる場合。この見極めは、預金残高に肩代わり貸出の代わり金が存置しているかによってわかります。

第6節　肩代わり貸出の成功率の評価

　『実戦融資業務33の秘訣』（経済法令研究会）の著者は「肩代り融資の成功率は五分五分」と書いています。この成功率という意味は、肩代わりをねらって動いた件数のうち、肩代わり貸出が実現できた件数を意味しているものではありません。つまり、肩代わりをねらった対象企業数が100社あって、肩代わりが実現し、貸出に結びついた企業数が50社という成功率を示しているのではありません。

　この50％という数字は、肩代わりが実現し、貸出が行われた会社50社のう

ち、健全な貸出資産として収益に寄与しているという貸出先は25社という意味です。この50％という数字をどのように評価すべきでしょうか。

肩代わり貸出に至った会社数の半分が成功していると簡単にみるのは間違っています。それは思慮深くない見方です。半分は成功していないということだけではすまされない問題があります。肩代わりを行った時点で貸出残高は増えて一瞬は喜びますが、肩代わりして業績が予想以上に不振であることがわかり、実質赤字であったり、すぐに延滞が生じたりすることが、肩代わりした先の半分にあるということです。

大切なポイントは、肩代わり貸出に至ったが成功していないということは、他行の不良債権予備軍をつかんでしまったということです。いまさら説明するまでもなく、貸出金が不良債権になるということは、利息収入の面だけでなく、資金運用の機会逸失、またこれにかかわる人的・時間的コスト、さらには将来の処理コストまでを考えると、明らかにマイナス資産を背負うことになったといわざるをえません。

肩代わり貸出は、簡単にみえるが実はむずかしいという認識で臨むべきでしょう。

肩代わりが結果として失敗する理由を考えるとき、貸出条件の数字比較で競争されることが一因になっていると思います。既存貸出銀行の貸出条件より魅力的な条件提示を行わなければ、顧客は銀行を変更する意味はありません。

既存貸出銀行の貸出条件より魅力的な条件とは、より低い金利であり、より長い期間であり、より緩い返済額であり、担保に甘いということになります。もし、自行貸出において、既存の貸出条件を前記のように見直すのは、貸出先の業態が悪化し、既存貸出の返済条件が厳しくなり、それを見直す状況になったときです。そうした条件で肩代わりすることのリスクを考えてほしいのです。

第10章　設備資金

　短期資金貸出では資金使途の検証が基本になるということを説明してきました。なぜなら、本来の資金使途を偽り、企業業績が悪いことを隠し、後ろ向きの借入れをするという企業側の行動を見抜くことが必要であるからです。

　しかし、設備資金という借入申出における資金使途は目にみえるかたちで検証することができます。設備投資資金の場合は、資金使途の検証というより、資金調達方法とともに投資計画の妥当性を併せて検証することが大切です。

第1節　設備資金とは何か

　設備資金は、その投資目的によって投資効果は異なります。設備投資を行い新たな収益を生む場合と、収益を生まない場合があります。それをタイプ別に区分けすると次のように整理できます。

　① 　生産能力増強……工場新設・増設等により生産能力を増強
　② 　既存設備更新……老朽化設備の入替による生産能力維持
　③ 　新規機械購入……生産効率のアップ・合理化
　④ 　研究開発……新事業・新製品展開のための研究開発
　⑤ 　間接部門投資……本社ビル・物流施設・厚生施設等の建設
　⑥ 　不動産投資……賃貸料収入目的の不動産購入

　企業にとって、設備投資の判断を誤ることは、企業業績の悪化を招くことにも繋がりかねません。華美な本社ビルを借入金で建てても収益は生みません。あるいは、誤った事業戦略による過大投資は企業の生死にかかわる事態を引き起こすことにもなります。そこで、設備資金を許容する場合は、運転資金とは異なる視点からの判断が求められます。

第2節　設備投資計画の検討

　前節で述べたように、設備投資にもいろいろあります。検討方法も各々の場合によって異なります。ここでは、その個々の設備投資についての検討方法を詳しく述べるのではなく、一般的かつ総論的な解説をします。

　設備投資に係る借入申出に接した場合は、設備投資計画と資金計画の二つが検討の対象となります。

　設備投資計画は、以下について検討を行います。

　① 投資目的
　② 投資計画の内容
　③ 投資時期
　④ 投資効果

　資金計画は、以下について検討を行います。

　① 調達計画
　② 返済計画

　資金計画について、銀行として数字的妥当性の検討をするのはさほどむずかしいことではないと思います。一方、取引先の本業である設備投資計画については、銀行員として検討の限界があることは否めません。特に、製造業における工場の生産管理体制や製造工程、製造方法、ならびに機械稼働率や生産性等々について、突っ込んだ議論ができるほどの知識や経験は持ち合わせていません。ましてや、製造に関する理系的知識（物理・化学等々）や技術的知識（電気・機械等）が乏しい銀行員には、設備投資の内容まで踏み込んだ検討は無理といわざるをえません。しかし、少なくとも、次のような項目は聴取してください。

1　設備投資計画の検討

　設備投資計画について、少なくとも次のような観点から計画内容を聴取しておくことは必要です。聴取時点でその投資計画を評価することがむずかし

くても、設備投資開始後において、実績フォローを行う際、対比する原データとして使えます。

① 必要性
　・今回の設備投資は長期的な経営ビジョンのなかで必要なものか。
　・企業競争力、企業価値を高めることに繋がるものか。
② 製品競争力
　・設備投資後の製品価値の比較～同業他社比、海外比
　・設備投資後の製品価格の比較～同業他社比、海外比
③ 外部環境（投資のタイミング）
　・景気動向、業界動向、製品を取り巻く環境の見通し
　・金利、為替、株価、また物価、地価動向の見通し
④ 設備投資の中身
　・立地条件～国内か海外か
　・土地、工場の規模、機械、ラインの能力、レイアウト
　・土地、機械の購入先、建設、工事の施行先の信用力
⑤ 物流・販売体制
　・物流体制の構築状況
　・販売ルートの確保状況

2　資金計画の検討

　設備投資計画を円滑に遂行するためには、資金計画とマッチした動きがとれなくてはなりません。特に、所要資金に調達不足が生ずることは、設備投資完成が遅れ、生産・販売計画も後ろ倒しになって、投資効果がくるうことになりかねません。
　そこで次のようなことを検討することが必要です。

① 所要資金総額
　・調達すべき所要資金に過不足はないか。
② 調達源泉

- 内部資金（預金・資産処分・内部留保・減価償却費）と外部資金（増資・社債・借入金）のバランス
- 外部資金における増資、社債、借入金の金額バランス
③ 調達可能性
- 増資、社債、借入金の調達可能性～調達時期、調達スケジュール
④ 償還・返済能力
- 社債、借入金の償還、返済能力のチェック
⑤ 予想貸借対照表・予想損益計算書

3　投資効果の測定

　前記1・2を検討し、最後に検討すべき事項は「投資効果」です。設備投資を行うねらいは企業収益の増大にあることから、設備投資計画の投資効果を計ることは非常に大切になってきます。

　投資効果を厳密に計るにはむずかしい問題があります。たとえば、設備投資を行うことによって従業員のモラールが向上した場合の効率などは数値化して計ることは困難です。あるいは、積極的な設備投資を行うということを対外公表することによるプラス・マイナスの影響も計ることは困難です。

　そこで一般的には、定量的な投資効果の測定法として次の三つの方法があげられます。

① 回収期間法……投資額をその投資からもたらされる年々のキャッシュフロー（償却前収益）で回収するのに何年かかるかをみるもの
② 会計的利益率法……投下資本に対する会計的利益（償却後利益）の割合を求めるもの
③ 現在価値法……将来の収益を現在価値に引き直して投資の良否を判断するもの（正味現在価値法（NPV法）、内部利益率法（IRR法）がある）

第3節　設備資金貸出の検討

設備投資計画の検討を終えてからは、同計画に資金計画における設備資金貸出に関する検討を行います。ここでは、検討に際して考えるべき基本的着目点について述べます。

1　流動性の見地からの検討

設備投資は、設備投資が終了し計画どおりに稼働するまでの期間、財務内容を一時的に不安定にする要因となります。資金繰り面では、流動性を非流動化的にする性格を有しています。したがって、設備投資後の予想貸借対照表を作成し、その内容とバランスに不自然な点はないかを検証することが大切です。

事例で説明します。以下は年商180億円のＸ社の設備投資前の貸借対照表と設備投資後の予想貸借対照表です。

本事例における設備投資金額は18億円です。その調達方法は、金利負担のことを考えて、長期借入れは４億円に止め、残りの14億円は、預金取崩し２億円、支払手形発行２億円、短期借入れ10億円で賄いました。その結果どうなったでしょうか（金額単位：億円）。

設備投資前B/S				設備投資後予想B/S			
現預金	5	支払債務	10	現預金	3(－2)	支払債務	12(＋2)
売上債権	12	未払金	5	売上債権	12	未払金	5
在庫	10	短期借入金	8	在庫	10	短期借入金	18(＋10)
固定資産	18	長期借入金	6	固定資産	36(＋18)	長期借入金	10(＋4)
		資本金	10			資本金	10
		剰余金	6			剰余金	6
計	45	計	45	計	61(＋16)	計	61(＋16)

	設備投資前	設備投資後
・固定比率	112.5%	225.0%
$\left(=\dfrac{固定資産}{自己資本}\right)$	$\left(=\dfrac{18}{16}\right)$	$\left(=\dfrac{36}{16}\right)$
・固定長期適合率	81.8%	138.5%
$\left(=\dfrac{固定資産}{自己資本+固定負債+特定引当金}\right)$	$\left(=\dfrac{18}{16+6}\right)$	$\left(=\dfrac{36}{16+10}\right)$
・固定資産回転率	10回転	5回転
$\left(=\dfrac{年商}{固定資産}\right)$	$\left(=\dfrac{180}{18}\right)$	$\left(=\dfrac{180}{36}\right)$

　一般的に、固定比率は100％以下が理想といわれています。しかし、固定資産を自己資本の範囲内で賄うことがむずかしい場合、分母に固定負債や特定引当金を加え「固定長期適合率」で固定資産をどの程度支えているかをみます。そして「固定長期適合率」が100％以下であること、すなわち、固定資産が安全的資産で賄われていることで財務の安全性をはかります。

　本事例の場合、設備投資の資金調達に関して、借入金利が低いという理由で短期借入れを行っているため、具体的には、設備投資後予想の貸借対照表にそのアンバランスな姿を現わしています。固定比率、固定長期適合率の悪化、固定資産回転率は半分まで効率を落とす結果になっています。

　この場合、短期資金借入れが長期資金借入れへの乗換えのメドがついているとか、あるいは増資払込資金によって返済されるつなぎ的なものであれば別ですが、前記の設備投資後予想の貸借対照表だけをみる限り、固定資産を不安定な資金で支えている不安感が目立ちます。固定資産を大きく増やすことになる設備投資には、安定的な長期資金による調達で充当すべきです。前記事例のように支払手形を発行したり、短期借入れで糊塗したりするようなことは避けなければいけません。

2 収益性の見地からの検討

　設備投資前における損益分岐点に対し、設備投資後において増加する固定費および変動費の節減を考慮した場合の損益分岐点を比べます。設備投資を行うことによって、損益分岐点がどれくらい上がるかをみて、その売上高を達成するような計画になっているかをチェックすることは大切です。

　以下事例で説明します。設備投資前の損益状況と、投資前と投資後の固定費と変動費が次の場合はどうなるでしょうか。

　　〈設備投資前の損益状況〉
　売上高　　　180億円
　変動費　　　105億円
　固定費　　　47億円
　利益　　　　28億円

　　　　　　〈設備投資前〉　〈設備投資後〉
　固定費　　　47億円　　　　53億円
　変動費　　　105億円　　　 103億円

設備投資前の損益分岐点は以下のとおりです。

　　変動比率＝105億円÷180億円≒58.3％

　　損益分岐点＝47億円÷（1－58.3％）≒112億7,098万円

設備投資後の損益分岐点は以下のとおりです。

　　変動比率＝103億円÷180億円≒57.2％

　　損益分岐点＝53億円÷（1－57.2％）≒123億8,318万円

　設備投資後も投資前と同額の利益をあげるためには、以下の売上高を達成しなければなりません。

　　売上高＝（28億円＋53億円）÷（1－57.2％）
　　　　　≒189億2,523万円

　そのための販売体制が組まれているか、妥当な販売計画になっているかを検討する必要があります。

3　資金調達の見地からの検討

　設備投資に係る支払いは一挙に必要になるわけではありません。設備投資の進捗に合わせた支払計画を知り、支払予想の検討を行う必要があります。支払予想の立て方は期ごとに立てますが、減価償却、利益留保額等積立金の内部資金も活用し、どの期も固定長期適合率が100％を超えないようにすることが望ましいでしょう。

　なお、設備投資を行った場合、増加運転資金を伴います。設備投資計画策定時に、あらかじめ増加運転資金を想定した資金計画を検討する必要性を説く解説書もありますが、それはつど、増加運転資金需要が発生した時点で、資金使途を検証して採上げの可否を判断することでよいでしょう。それは、あらかじめ想定した増加運転資金は「見込み」的要素が多く入っています。設備投資に伴って発生する増加運転資金は、実績と睨み合わせて検証するほうが望ましいからです。

第4節　設備資金貸出の採上げ方

　前記諸点の検討を終えた後、設備投資貸出に関連した検討に入ります。その際チェックすべきポイントを以下に述べます。

1　資金調達計画の妥当性

　設備投資計画における資金調達は、投下した資本が長期間にわたり固定化されることから、安定的な資金で賄うことが大原則です。理想をいえば、全額自己資金、あるいは増資によって賄うことができれば問題はありません。実際はそのようにはいかないことが多いことから、不足分は社債や長期の設備資金借入れで調達します。金利が低いという理由で短期借入れで調達したり、支払手形・買掛金で賄ったりしようとする安易な手段はのちに問題を残します。

ただし、増資や社債発行までのつなぎとして短期借入れを利用することは問題はありません。その場合、確実に増資、社債発行が行われることが確認され、前提になっていることが基本です。

2　長期借入金の返済能力のチェック

返済原資は、償却前利益（税引前当期利益＋減価償却費）に留保性引当金積増分を加えたものから、社外流出（税金、配当金等）分を差し引いて計算します。実際の計算として、経常利益に減価償却費を加え、社外流出を差し引いた金額を使用することもあります。

さらに、既存の長期借入金が存在するときはこの返済分をも差し引き、本件設備資金借入れの返済原資が導き出されます。このほかにも資産処分代金を見込んでいるケースや、現預金の取崩し、あるいは借換えを前提にしているケースをみかけることがありますが、それは補完的に捉えるべきものです。設備投資資金の借入返済は、本来的には通常の営業活動から生ずる利益から返済することを原則に考えるべきです。

3　その他の検討事項

そのほかにも、銀行別分担割合、担保、金利、期間等の検討をします。

第 IV 編

貸出業務に役立つ知恵袋

第Ⅱ編では貸出業務に携わる者としての考え方として、王道を歩むことの重要性について述べました。第Ⅲ編では真っ当な貸出業務の基本は資金使途の検証であるという考え方から、資金使途別にその検討方法について述べてきました。

　本編では、貸出業務を行ううえで役立つ知恵となるテーマについて述べることとします。

第1章　世の中の変化と貸出業務

第1節　変わること、変わらないこと

　この本の読者は銀行の若手、中堅行員が中心と思います。筆者は団塊の世代に近い年齢です。そこには20～30歳の年齢差があります。そのことが貸出業務とどのような関係にあるでしょうか。

　筆者が貸出業務に初めて携わったのは昭和49年です。当時、コンピュータ・システムはありませんので、顧客の貸出残高は手書きの元帳で管理していました。計算はそろばんでした。パソコンも携帯電話・スマートフォンもありませんでした。

　筆者の新人時代と現在を比べると、商品や技術はどんどん進歩、変化しています。パソコンや携帯電話にしても、5年前、3年前、あるいは去年とは機能や性能、また価格も変化しています。筆者の新人時代、休暇をとり海外へ旅行する人はほとんどいませんでした。円も1ドルが360円の時代でした。その頃、中小企業が工場や販売拠点を中国や東南アジアにこれほど進出させるなどとは想像もしていませんでした。

　世の中は確実に、早いスピードで変化しています。グローバル化が進み、生活スタイルも大きく変わりました。そこには、商品の変化、価格の変化、物流形態・販売体制の変化があります。

　このことは、貸出業務の顧客の事業内容をみる際、商品や技術の変化に乗り遅れるような企業は、業績面だけでなく存続そのものが危うくなるという認識で対応しなければいけないということです。貸出担当者は、顧客が取り扱う商品のライフサイクルや業界動向に注意を払ってみなければいけません。その際、産業調査との連携が重要になってくると思います。

第2節　商品の変化

　従来、企業の安定性は財務内容の健全性によって測定できました。しかし、いまの時代は健全な財務状態であっても、産業界の発展速度に乗り遅れると、企業の安全性は低下するおそれが強まったといえます。

　具体的には、事業として取り扱っている商品のライフサイクルが衰退期になることです。時代とともに消費者に求められる商品は変化していくことを知らなければいけません。売上が順調な商品でも数年先もいまの順調な売上が続くとは限りません。そこで事業性評価、なかでも業界動向と商品の変化について知る努力をしなければいけません。商品には寿命があるということです。

　たとえば、音楽を聴くための商品をみてみます。筆者が若かった時代は、ステレオでレコードを聴いていました。レコードがCDに変わり、いまや音楽はデジタル化されパソコン・スマートフォン・iPodで聴くことができます。電話も家庭における固定電話、公衆電話が携帯電話にとって替わられました。その携帯電話も大きさ・性能・機能が大きく変わりました。

　この変化の背景に、メーカーや流通・販売業者の栄枯盛衰があることを知るべきです。筆者が生きてきた60数年を振り返ってみたとき、子供時代・青春時代に家庭や街中でみられたものが姿を消したり、数が少なくなっています。風呂屋（銭湯）・呉服屋・本屋・金物屋・文具店・畳屋・駄菓子屋・そろばん塾・習字塾・タバコ屋・し尿くみ取り屋・写真屋……。

　このように貸出担当者は世の中の商品の変化につねに敏感であってほしいと思います。担当する顧客が取り扱っている商品や技術について、同業他社の動向や将来に関心をもつことが重要です。

第3節　価格の変化

　技術の進歩と経済のグローバル化が進展するなか、価格も大きく変化しま

した。「(同じ商品ならば) 高いものより安いものを買う」という時代から「品質がよければ高いものでも買う」「価格ではなく納得のいくものを買う」という時代になっています。

　生産技術の進歩や生産拠点を海外（中国・東南アジア）へ移すことによって製造コストの原価低減が図られ、同業者間の価格競争によって、数年前に比べて安い価格で手に入るようになった商品も多々あります。一方、欧米の有名ブランドの商品は、値段的にはかなりの高額ですが、消費者の嗜好の満足度が高いことで売れているようです。中国で生産されたものは安いが質が悪いので買わないという一面、質は我慢して安いほうを買うという一面もあります。

　企業経営で最も重要なことは売上です。その意味で、売上を左右する価格がきわめて重要な戦略になっています。安くすれば必ず売れるわけではなく、高くても売れるモノがあるというなか、製品の質と価格設定は企業が生き残るうえで非常に大切な問題です。業績が悪化した企業経営者が「売上は必ず回復する」と答えるとき、価格戦略まで突っ込んだ検討が大切です。

第4節　物流体制・販売形態

　消費者を満足させる要因の一つに「納期」という問題があります。特にメーカーの場合、原材料の入手日（＝納期）は工場稼働効率の問題に直結し、また製品の販売納期は営業戦略の重要なポイントになります。そのためには受発注を含めた物流体制が勝負のカギを握っているといっても過言ではありません。

　販売形態では、余分な中間業者（一次問屋・二次問屋等）を排する動きが出ています。流通改革を行うことによって、中間マージン分の価格低下が実現できます。あるいは、大型スーパーや大型家電販売店、コンビニが流行し、最近はパソコンで商品の購入や輸入までできるようになっています。このような動きのなか、卸業者や問屋の役割は従来に比べて小さくなっています。

第5節　総　括

　銀行は、さまざまな業界・業種の企業と取引を行っています。同じ業界・業種においても、生産・流通・販売という位置付けによって経営環境はそれぞれ異なります。貸出業務に携わる者は、取引先企業の現状の実態把握を行うことはもちろん必要ですが、将来に向けての動向にも関心をもつことが必要です。その意味で、新聞・雑誌・業界専門紙等にも好奇心と興味のアンテナを高く掲げておくことが大切です。

第2章　勘定科目内訳明細書

第1節　勘定科目内訳明細書の徴求

　貸出担当者が取引先企業から決算書を徴求することは必ず行っています。しかし、勘定科目内訳明細書を徴求しているケースは必ずしも多いようではないと思います。

　法人税の確定申告は、法人税申告書に決算書類を添付して税務署に提出しますが、決算書類は貸借対照表・損益計算書・株主資本等変動計算書・勘定科目内訳明細書・法人事業概況説明書があり、勘定科目内訳明細書とは、企業が法人税の確定申告書に必ず添付しなければいけない決算類の一つです。

　税務署が決算書の詳細について知りたいとき、いちいち企業に問い合わせるのは煩雑であるため、決算数値の中身を知る参考資料として企業は勘定科目内訳明細書の添付を要求されています。

　銀行も決算分析を行うに際し、貸借対照表の数字について詳しく分析する必要があり、そのためにも勘定科目内訳明細書は必ず徴求しなければいけません。

　勘定科目内訳明細書は全部で以下の16種類があります。

① 預貯金等の内訳書
② 受取手形の内訳書
③ 売掛金（未収入金）の内訳書
④ 仮払金（前渡金）の内訳書／貸付金および受取利息の内訳書
⑤ 棚卸資産（商品または製品、半製品、仕掛品、原材料、貯蔵品）の内訳書
⑥ 有価証券の内訳書
⑦ 固定資産（土地、土地の上に存する権利および建物に限る）の内訳書
⑧ 支払手形の内訳書

⑨　買掛金（未払金・未払費用）の内訳書
　⑩　仮受金（前受金・預り金）の内訳書／源泉所得税預り金の内訳書
　⑪　借入金および支払利子の内訳書
　⑫　土地の売上高等の内訳書
　⑬　売上高等の事業所別内訳書
　⑭　役員報酬手当等および人件費の内訳書
　⑮　地代家賃等の内訳書／工業所有権等の使用料の内訳書
　⑯　雑役、雑損失等の内訳書

　この勘定科目内訳明細書を徴求し、中身を精査することで、決算書の数字的根拠がわかります。その主なものとして、たとえば以下の内訳がわかります。

　①　預貯金等の内訳書
　　金融機関別、預金の種類別に残高がわかります。
　②　受取手形の内訳書
　　受取手形の振出人は販売先であり、受取手形の振出年月日・支払期日から販売先に対する回収条件がわかります。
　　支払期日が経過している受取手形は回収できていない販売先に対する不良債権と推測されます。また、振出人が事業経営とのかかわりがないと思われ、金額が不自然な場合は融通手形である可能性も考えられます。
　③　売掛金の内訳書
　　売掛金の相手先も販売先ですが、この内訳表では受取手形の振出年月日・支払期日に相当する販売日・期日は記されていません。そこで、前期の売掛金の内訳書と見比べて、同じ販売先で同じ金額の記載がある場合、販売先から回収ができていない不良債権と推測されます。
　④　仮払金の内訳書
　　仮払金は、現金や小切手で支払ったが、勘定科目や金額が未確定の

場合（たとえば、旅費交通費や交際費等を概算払いした場合）に、本来の勘定科目が確定するまでの一時的に使用されるものです。しかし、使途不明金を仮払金として計上し、不正支出の温床となりやすい勘定科目です。したがって、残高が大きい仮払金や1年以上記載されている仮払金については、実際の資金使途を確認する必要があります。

⑥ 有価証券の内訳書

この内訳書の「区分」欄は、「売買目的有価証券」、「満期保有目的等有価証券」または「その他有価証券」に分けて、「売買」「満期」「その他」と記入するよう注書きされています。

「売買目的有価証券」は、時価の変動によって売買益を得ることを目的として保有する有価証券で、貸借対照表の「流動資産：有価証券」に計上するものです。

「満期保有目的等有価証券」は、満期まで保有する目的で取得した公社債で、貸借対照表の「固定資産：投資有価証券」に計上するものです。しかし、1年以内に満期になる公社債は「流動資産：有価証券」に計上します。

なお、保有する子会社や関係会社の株式を計上する勘定科目は「固定資産：関係会社株式」となります。

⑧ 支払手形の内訳書

支払手形の支払先は仕入先であり、支払手形の振出年月日・支払期日から仕入先に対する支払条件がわかります。

振出年月日と支払期日の期間が、前期の内訳書に比べ長期化している場合（支払いサイトの延長）、当社の資金繰りが苦しくなっている可能性がありますので、支払条件の変更がある場合は、その理由を確認することが大事です。

⑪ 借入金および支払利子の内訳書

他金融機関からの借入れの明細（金利・借入理由・担保）がわかります。

また、銀行取引一覧表（＝金融機関別取引状況推移表）の借入残高
　　が、貸借対照表の短期借入れ・長期借入れの合計額と異なる場合、こ
　　の内訳書で役員・関係会社等からの借入れで確認できます。
　⑭　役員報酬手当等および人件費の内訳書
　　　同族会社の場合、役員報酬手当の金額の増減は企業業績・納税対策
　　に利用されることがありますので、前期比の増減理由を把握すること
　　は重要です。
　　　従業員の給与手当は、給料・賞与等一般管理費に含まれる金額で記
　　入されますので、給料と賞与を分けて数字を管理することが大事で
　　す。

　しかし、勘定科目内訳明細書を銀行に提出することを拒む取引先が時にい
ます。このようなとき、「ほしい」「出せない」というやりとりを繰り返すの
ではなく、次のような話を取引先にしてはどうでしょうか。貸出取引を開始
するとき銀行に差し入れてもらった「銀行取引約定書」の条文を説明して、
提出を求めるのです。
　「銀行取引約定書」には次のような条文が記されています（以下は、全国銀
行協会による旧銀行取引約定書ひな型からの引用）。

　　　　第12条（報告および調査）
　　　　　①　財産、経営、業況について貴行から請求があったときは、
　　　　　　直ちに報告し、また調査に必要な便益を提供します。
　　　　　②　財産、経営、業況について重大な変化を生じたとき、また
　　　　　　は生じるおそれのあるときは、貴行から請求がなくても直ち
　　　　　　に報告します。

　この条文をもとに、取引先に対して勘定科目内訳明細書の提出依頼を試み
てください。決算書は提出するが、数字の裏付けとなる勘定科目内訳明細書
は出せないというには何か理由があると疑わざるをえません。
　筆者の経験上、税務署に提出する決算書と銀行に提出する決算書と仕入先
に提出する決算書は、それぞれ中身が異なっていたというケースがありまし

た。税務署宛には儲かっていない決算書、銀行には黒字の決算書です。銀行宛決算書は粉飾でした。

　取引先によって、提出に応じられる内訳明細書と応じられない内訳明細書があるようです。役員報酬金額がバレてしまう内訳書はみせられないが、受取手形の内訳書や売掛金の内訳書は提出するというように……。

　取引先の事業年度が終わったとき、決算書だけではなく勘定科目内訳明細書の提出も同時に依頼してください。決算書の数字に基づく諸指標や比率計算の財務分析だけではなく、数字の中身を注意深くみる実態分析を行うようにしてください。

第2節　勘定科目内訳明細書の見方

　勘定科目内訳明細書からは第1節で記したこと以外にもいろいろな実態がわかります。その一例を以下に示します。
① 預貯金等の内訳書
　・銀行別定期性預金の残高を比較し、貸出金額比で他行比劣っていないか。
　・前期に比べて定期預金の取崩しはないか（→資金繰りに使っていないか）。
② 受取手形の内訳書
　・ハウスビル手形はないか。
　・まったく関係がない業界からの手形銘柄はないか。
　・金額がラウンドで、期日が1カ月ごとにズレた手形はないか（→融手の疑い）。
　・前期の内訳書と同じ銘柄・同じ金額の手形はないか（→ジャンプの疑い）。
　・特定銘柄の急増、急減先はないか。
③ 売掛金（未収入金）の内訳書

- 関連会社、関係子会社宛の売掛金はないか。
- 前期の内訳書と同じ会社・同じ金額の売掛金はないか（→ジャンプの疑い）。
- 特定銘柄の急増、急減先はないか（未収入金の多くは短期貸付金の未収利息です。未収入金が毎年のように嵩んでくると、当該貸付金は不良債権になっている疑いがあります）。

④ 仮払金（前渡金）の内訳書／貸付金および受取利息の内訳書
- オーナー一族宛貸付金の有無、金額の把握および実態。貸付金等があった場合、実質固定化していないか（→長期間にわたって返済されていない事実）。
- 弁護士宛の仮払金があるか（→訴訟問題を抱えている可能性あり）。

⑤ 有価証券の内訳書
- どのような上場株式を保有しているか（→簿価と時価の差は含み益か含み損か）。
- 保有する非上場会社の株式の価値はあるか（→資産価値はあるものか）。

⑥ 固定資産（土地、土地の上に存する権利および建物に限る）の内訳書
- 土地の評価額はいくらか（→簿価と時価の差は含み益か含み損か）。

⑦ 買掛金（未払金・未払費用）の内訳書
- 不自然な支払先はないか。
- 特定銘柄の急増、急減先はないか。

⑧ 借入金および支払利子の内訳書
- 他行借入金の残高はどのようになっているか（→銀行取引一覧表で聴取している残高と突合チェック）。
- 他行借入金の金利はどのようになっているか。

⑨ 役員報酬手当等および人件費の内訳書
- 会社利益が赤字・僅少のときオーナー宛報酬額は妥当か。

⑩ 地代家賃等の内訳書

・貸主名義はだれか（→オーナー個人資産を会社宛転貸の場合、会社が支払う家賃がオーナーの収入になっている）。

第 3 章　銀行取引一覧表

　貸出先の企業ファイル（クレジットファイル）にはいろいろな資料がファイリングされていると思います。そのなかに、銀行借入れについて、借入銀行別に長短別借入残高を記す「銀行取引一覧表」（金融機関別取引状況推移表）という資料があります。

　しかし、筆者が研修講師として伺った地銀・第二地銀の「銀行取引一覧表」をみると、「銀行取引一覧表」は形式的に作成されているように思えます。そのように思う理由は二つあります。一つは貸出区分が「商手・短期・長期」という大雑把であること、もう一つは残高記入が過去数年の決算月と稟議書提出時の直近月であることです。

　そのような「銀行取引一覧表」から何がわかるのでしょうか。言い換えると何を知るために「銀行取引一覧表」を作成するのでしょうか。過去数年間の決算時点、および直近月における銀行別借入残高と銀行別シェアの変化はわかります。しかし、大事なことは、過去の動きより、直近の3カ月・6カ月・1年で"銀行取引に何が起きているか"という実態をみることではないでしょうか。過去からの推移が大事ではないといっているわけではありません。より大事なことは、「銀行取引一覧表」をみて、"いま何が起きているか"を知ることではないでしょうか。

　そこで筆者が考える「銀行取引一覧表」を紹介したいと思います。→次頁
　書き方にむずかしいことはありません。貸出先から銀行別に借入残高を表の区分に従ってヒアリングして記入するだけのことです。ところが、次頁の「銀行取引一覧表」を示すと、多くの若手行員は"細かい・面倒くさい"という印象をもつようです。貸出担当者がそのようなことでは困ります。細かくて面倒くさくても、貸出業務に携わる者は債権保全のために必要なことはやらなければいけません。

　どんな資料でも、それを作成することが決められているということは、作

(取引先名)：＿＿＿＿＿＿＿　　　銀行取引一覧表　　　　　　　　　　　　　　＿＿＿＿支店
　　　　　　　　　　　　　　　　（平成27年度）

			27/3月	前期決算月 シェア	前期比	27/4月	5月	6月	7月	8月	9月	10月	11月	12月	28/1月	2月	今期決算月 3月	シェア	前期比
当行	短期	経常																	
		季節																	
		決賞																	
		その他																	
		小計																	
	商手( )																		
	当貸( )																		
	長期	長運																	
		設備																	
		その他																	
		小計																	
( )	支承																		
	私募債																		
	与信計																		
A行	短期	経常																	
		季節																	
		決賞																	
		その他																	
		小計																	
	商手( )																		
	当貸( )																		
	長期	長運																	
		設備																	
		その他																	
		小計																	
( )	支承																		
	私募債																		
	与信計																		
合計	短期	経常																	
		季節																	
		決賞																	
		その他																	
		小計																	
	商手( )																		
	当貸( )																		
	長期	長運																	
		設備																	
		その他																	
		小計																	
	支承																		
	私募債																		
	与信計																		
月商	前期平均月商( )																		
	今期目標月商( )																		

注記：
- 商手、当貸の（　）内は、極度額、毎月欄は実残額を記入
- 取引銀行の（　）内は、取引地位（主力・準主力・3位等）を記入

成することに意味があります。その資料を必要とする意味を考えなくてはいけません。

「銀行取引一覧表」を用いる意義として次の3点があります。
① 毎月、他行の借入残高と月商のチェックを行う。
② 他行動向を知ることができる。
③ 資金使途の事後的判断材料になる。

前記事項について補足的説明を加えるならば、以下のようになります。
① 決算書で知る数字は過去実績だが、毎月、他行借入れの残高と月商をヒアリングすることは、業況の推移と変化をいち早く知ることになります。また、総借入残高に占める自行貸出シェアを毎月チェックできます。
② 他行借入残高の月次増減をチェックすることで、貸出の実行・返済状況を把握し、他行の貸出方針の変化を読み取ることができます。また、銀行別借入残高シェアの変化から取引先の銀行取引方針を読み取ることもできます。特に主力銀行の借入額の減少、新規参入行・取引解消行の有無は翌月にその事実を知ることができ、その理由は高い関心をもってみるべきです。
③ 決算賞与資金や季節資金等の分担金額の実行額・実行月を事後的に確認できます。
④ 他行の商手・当貸の極度枠と実残を知り、枠空き（＝実行可能額）を把握できます。

貸出先によっては銀行別に毎月の残高を教えてくれない場合もあります。もちろん毎月の残高がわかることがベストですが、企業規模が小体先あるいは貸出金額が僅少の貸出先であっても、少なくとも四半期ごと（3・6・9・12月）の残高はヒアリングしてほしいと思います。

決算月の銀行別借入残高の合計額と決算書の借入金合計額（短期・長期合算）とに差異がある場合があります。簿外借入れや役員からの借入れの有無、あるいは街金や粉飾を疑い、勘定科目内訳明細書の「⑪借入金および支

払利子の内訳書」を利用して差異が生じている理由を明らかにする必要があります。

第4章　月商ヒアリング

第1節　月商ヒアリングの意義

　前章で紹介した「銀行取引一覧表」のいちばん下に「月商」を記す欄を設け、毎月、他行の借入残高をヒアリングする際に月商も同時にヒアリングすることも大事です。本章では月商ヒアリングの大切さについて説明します。

　年商は決算書で知ることができるから、いちいち毎月の売上（月商）を聞く必要はないと思っている人がいたら、本章をよく読んでください。

　まず、月商は「年商÷12」ではありません。このことの意味を理解していただきましょう。以下の月商推移の事例をもって説明します（金額単位：百万円）。

	24年	25年	26年	27年
1月	30	25	20	18
2月	30	25	20	18
3月	50	60	50	40
4月	30	25	20	18
5月	30	25	20	
6月	30	40	40	
7月	30	25	20	
8月	30	25	20	
9月	50	60	50	
10月	30	25	20	
11月	30	25	20	
12月	30	40	40	
合計	400	400	340	

平成24年と25年の年商は400百万円で同じです。しかし、月商ベースでみると、25年の通常月の月商は前年同月に比べて▲16.7％の落込み（30→25）になっています。

　この落込みを四半期末月（3・6・9・12月）という節月に通常月の売上ダウンをカバーし、年商ベースで前年並みになっていることがわかります。

　月商を毎月ヒアリングしていると、通常月の売上が前年同月比▲16.7％に落ちていることから業績悪化の動きに気づきます。一方、四半期末月の売上は前年同月比＋10百万円になっていることから、そこには新たな営業施策による効果があったのか、それとも無理な販売活動（押込み販売・価格ダンピング等）をしていないだろうかという推測がされます。前年同月の比較で読み取れない場合は前年同期間比（たとえば1〜5月）でみると変化に気づくことがあります。ところが、25年の決算書だけをみてわかることは、年商は前年実績並みという事実だけです。

　さらに26年になると、通常月の月商はさらに落ち込んできましたが、25年度のように四半期末月の販売でその落込みをカバーできなくなっています。その結果、26年の年商は340百万円となり、25年比▲60百万円（▲15％）となりました。その事実がわかるのは26年の決算書が出てくる27年3月以降です。この企業の業績悪化は、25年から始まっているのに、年商ベースで減収に気づくのは27年3月以降に出される26年の決算書です。これでは、貸出先の業績悪化に気づくのが1年以上遅れているということになります。

　27年に入ってからの売上は、月商ベースでさらに落ち込んで、業績悪化はさらに深刻化しています。27年の1〜4月の売上は94百万円で、これは26年の同期間比▲16百万円（▲14.5％）の悪化であることが5月時点でわかります。ところが月商ヒアリングを行っていないと、27年の決算書が28年3月に出てくるまで2年連続で減収という事実の把握が遅れることになります。

第2節　月商ヒアリングの効果

　月商ヒアリングの効果として次のことがいえます。決算月の月商をヒアリングした時点で、12カ月の月商を合計すれば、決算書を待たずして年商の見込み値が把握できます。その見込み値は、決算書が出来上がったとき、提出された損益計算書に記載された年商（売上高）が妥当な数値であるかという判断基準になります。それは、損益計算書に記載された年商（売上高）が月商ヒアリングの合計金額（＝年商見込み値）を大きく上回っている場合、決算書の年商（売上高）が粉飾されていないかということに気づきます。月商ヒアリングを行っていない銀行では、決算書の年商（売上高）の妥当性をチェックする根拠を持ち合わせていないということになります。

　月商ヒアリングは取引先の営業実態をタイムリーに把握する有力な手段であるということを知っていただけたでしょうか。

　企業では一般的に通常月の売上が落ちてくると、その不振をカバーするための施策として、販売先（顧客）に対して従来の取引条件より有利な条件を提示することがあります。具体的には、現金払いから手形払いにすることも認める、あるいは手形サイトを1カ月から3カ月にする、さらには値引きに応ずるなどの売上挽回策がとられます。

　この結果、前記例で25年の決算書では売上は前年比不変であっても、売上債権の長期化という姿で現われてきます。それが回転期間の変化による増加運転資金として借入申出になった場合、安易な貸出に走ると不良債権に繋がるおそれがあるので慎重な対応が必要です。

　月商ヒアリングをいままで行ったことがないので、前年の月商実績がわからないという人がいます。その場合は、貸出先が税務署に提出した「法人事業概況説明書」の2枚目に「17月別の売上等の状況」、あるいは信用保証協会宛「信用保証委託申込書」の「最近12カ月の売上」に記載されていますので、前年の月商をみることができます。

第5章　売上分析

　財務分析の最初の第一歩は「売上」の分析です。多くの貸出担当者は、売上の実績について「増収」か「減収」という表現を使い、「増収」ならば問題はないと思いがちです。本当にそれでよいのでしょうか。

　次の例で考えましょう（金額単位：百万円）。

	ケース1	ケース2
	売上	売上
25年度	500	500
26年度	600	540

　ケース1の会社の26年度の決算について、「売上は前年比＋1億円・20％の増収」ということから「業績は好調」という所見を書いたとします。しかし、これは表面上の数字だけを計算した結果だけであって貸出担当者としての分析は失格です。ここでは売上の中身まで突っ込んだ分析を行っていません。

　上記数字の背景には次のような実態があることまで分析していません。25年度の売上は、1個500円の製品を100万個売って500百万円の売上だったと仮定します。26年度は原材料費の高騰分の一部を価格に転嫁して20％の値上げを行い、26年度の売上は、1個600円の製品を100万個売った売上です。すなわち、増収といっても売った製品の数は前年と同じで、増収額は値上げした金額相当額にあたります。

　この増収を喜んでいいでしょうか。もしこの製品の販売市場（個数）が1.5倍に拡大していたら、当社の売上個数は前年と同じですから、当社製品のマーケットシェアはダウンしたことになります。その意味は製品価格をアップした戦略の妥当性が問われることになります。販売個数が伸びなかった原因が600円という価格に対して、消費者が高値感を感じていたならば、翌期

も販売競争に苦戦し、さらにマーケットシェアがダウンすることになるかもしれません。

このように売上の中身まで踏み込んだ分析を行うと、数字上は「20％の増収」といっても、実態は、販売製品数は伸びず、値上げした金額分だけが売上増加になったということがわかります。

ケース2の会社の26年度決算は「売上は前年比＋4,000万円、8％の増収」です。この会社の売上の中身をみると、25年度は国内売上3億円、海外売上200万ドル、26年度も国内売上3億円、海外売上200万ドルでした。ポイントは、25年度末の為替が1ドル100円でしたが、26年度末は1ドル120円になったため、ドル建ての売上は200万ドルで不変でしたが、為替要因で4,000万円の増収になったのです。

このように売上については表面的な数字だけを追うのではなく、売上の中身まで踏み込んだ分析を行わないと、企業業績の実態把握は困難です。

売上については、金額だけではなく数量についても聴取することが必要だと考えます。たとえば、「数量ベースでは30％伸びているが、売上は前年比98％」ということだと、販売単価が落ちている、価格競争が厳しい、利益率も悪くなっている等々のことがわかります。「数量の＋30％」ということを知らずにいると、「売上は前年実績を下回った」ということしかわかりません。

企業は一つの製品・商品だけの販売活動を行っているわけではありません。その意味から、「製品・商品別売上」「事業所別売上」というデータから、販売業績の実態を多角的にみることも必要になってきます。

決算書の財務分析を行う際、そのコメントとして「増収」「減収」というような一言ですませるようなことでは困ります。「増えた、減った」ということは数字をみればわかることです。なぜ増えたか、なぜ減ったか、あるいは数字が増えていればよいということでもありません。大切なことは、数字が変化した理由にもっと関心をもって、踏み込んだ分析を行うことが必要であるということです。

そのためには売上の増減について突っ込んだ質問を繰り返し、売上増減の真の原因を突き止め、貸出先の経営姿勢・経営判断について知ることが大事です。その具体的事例を以下に示します。

「売上が落ちた原因は何ですか？」
　〜主力製品の売上が予想以上に悪かったため。
「なぜ、主力製品の売上が伸びなかったのですか？」
　〜他社から類似製品が出たから。
「なぜ、他社の製品に負けたのですか？」
　〜性能面では同じだが、価格で負けた。
「他社の価格はいくらですか？」
　〜当社製品価格が1万円なのに、他社は7,000円で販売した。
「なぜ、他社は7,000円の価格にできたのですか？」
　〜生産を中国に移したからだ。
「貴社は引き続き1万円で売りに出すのですか？」
　〜……
「生産拠点を海外に移すことを考えますか？」
　〜……

貸出担当者はこのようにつねに債務者である取引先の実態を把握することが重大な責務です。企業業績の根幹をなす「売上」をしっかりと分析することが、財務分析の第一歩となります。

第6章　在庫をもつコスト

　企業の業績が悪化してくるとき、ほとんどの場合、売れ残り在庫が増えたり、仕入過剰による原材料の在庫が異常に膨らむ傾向にあります。在庫が多過ぎると問題だといわれます。なぜ問題なのでしょうか。

　在庫が過剰になると、次のように資金と収益の両面でマイナスになります。

　　・資金の固定化→資金繰り圧迫→借入れ（資金）→金利負担（収益低下）
　　・資産価値の減価（収益低下）

　在庫を適性水準以上にもち過ぎると、資金の固定化、収益の低下に繋がるばかりか、在庫自体が変質したり陳腐化したりして、資産価値を損ねます。

　在庫を余計にもつことは、コスト的にどのくらいかかるかを簡単に計算します。たとえば、年商12億円の企業に、在庫の手持ちは2カ月分あれば営業活動に問題がないところ、在庫が3カ月分に膨れ上がった場合、1カ月分の在庫（1億円）は余分ということになります。そのコスト負担は、

在庫資金の借入金利を3％とする	1億円×3％＝	300万円
倉庫保管料を月額30万円とする	30万円×12カ月＝	360万円
管理要員1人雇用	年収300万円×1人＝	300万円
管理費負担を月5万円とする	5万円×12カ月＝	60万円
使えなくなる在庫が10％あるとする	1億円×10％＝	1,000万円
コスト合計		2,020万円

在庫1カ月分を借入れで支える場合のコストは2,020万円となります。

　これは年商12億円に対して1.68％のコストになるということがわかります。

　実際には前記試算以上にコストがかかるようです。自社で保管設備をもっている場合は、保管設備の減価償却費、固定資産税、火災保険料、運送費、その他取扱費用などがあります。経理の実務書には、在庫維持費用は、在庫

品の原価評価額の10〜25％がかかるという見方もあります。これで、在庫を余計にもつことの怖さがわかっていただけると思います。

　しかし、在庫が多いことがつねに悪いことではありません。企業経営上、積極的に在庫をもつこともありえます。季節資金は一時的在庫積上げ資金という性格をもっています。また、将来の値上げが予測されたり、品不足が必至と見込まれたりするような場合は、むしろ積極的に在庫を増やすことで、収益チャンスをねらうことは、企業として当然の経営戦略であるといえます。

　したがって、数字が大きいことだけで悪いと決め付けるのではなく、その理由を正しく理解することが大切だと思います。その理由説明に納得がいかない場合は、粉飾決算の疑いまで含めて納得できるまで理由を質すことが必要です。

　なお、メーカーで、製品、仕掛品、原材料のどれで在庫をもつことが一般的であるかを知ったうえで、それぞれの段階における回転期間で把握することもあります。

　　・製品で多くもつ必要がある……繊維、ガラス
　　・仕掛品で多くもつ必要がある……造船、機械
　　・原材料で多くもつ必要がある……食品

　経営の世界では、「たかが在庫、されど在庫」という言葉があります。在庫残高が悪い場合、在庫が必要な場合、在庫で粉飾する場合……。在庫の分析は非常に大切です。

第7章　「いくらまで貸してくれるか」と「折返し資金」

第1節　担保があれば

　おカネを借りたい企業や個人から、「これだけの担保があるが、貴行はいくらまで貸してくれるか」という質問をされることがあります。

　こういう質問に対して銀行は安易に応ずるべきではないと思います。なぜならば、銀行が貸出業務を通じて資金を貸すという行為は、担保（モノ）に対して貸すわけではありません。銀行は、企業の事業や経営、または個人の人なり（人格）に対して、必要かつ有効な資金を貸すのです。

　銀行は質屋とは違います。質屋の場合は、担保（モノ）によって回収することを前提に、質屋自身の資金を用立てています。銀行は、貸出した資金が事業に投じられ、事業が資金・収益を生み出し、その資金・収益で返済されることを業務としています。また、質屋は自分の金を貸していますが、銀行は預金者から預かっている預金を原資として貸し出しているため、返済が滞っては預金者へ利息を付して元金を返すことができなくなります。銀行は、その意味では預金者から預金というかたちで資金を借りている立場にあります。

　バブル時期に貸出業務を習い覚えた者は、不動産担保価値の評価には長けて、不動産をみるといくらまで貸せると計算が早い人がいました。資金使途の検証を行わずに、担保価値から貸出金額を決めるという方法は、銀行の貸出業務のあり方としては明らかに間違いです。

第2節　返済した分を……

　経常運転資金を長期貸出（3年・約弁付）で採り上げる場合、約弁が進む

と資金不足が生じます。経常運転資金は企業経営上必須の資金であるため、約弁が進むと必要資金に不足が生じますが、ある程度の金額までは経営活動で得る売上の現金収入でカバーできます。しかし、現金収支でカバーできる限界が来ると財務収支でカバーせざるをえなくなり、それが「折返し資金貸出」というかたちでの申出になります。具体的には、5,000万円の経常運転資金借入において約弁で2,000万円返済したとき、新たに2,000万円を折返し資金として貸出するということです。

あるいは、5,000万円の当初借入れは予定どおり返済したので、あらためて5,000万円を借りたいという場合も「折返し資金」(あるいは借換資金)という対応を行うことがあります。

このようなかたちでの貸出、すなわち過去実績範囲内であるからという理由で「折返し資金」を安易に貸出することは慎重に考えなければいけません。特に、担保が5,000万円をカバーするに十分ある場合は、前節のごとく、「担保があるから」という理由で「折返し資金」を簡単に貸出するケースが多いようです。

「折返し資金」とは、貸出時に計画していた返済方法に対して、利益償還が計画どおり進まないため、やむをえず再調達する資金といえます。言い換えると、これは財務収支の不足分を補うための資金といえます。

借入れは本来返済すべきものなのに、返済ができない、あるいは返済が苦しいから再支援するということは、当初の貸出採上げ時の返済方法に無理があったか、計画時点に予想していたほどの利益がついてこないことが原因と考えられます。経常運転資金以外の長期貸出において約定返済額を折り返すという場合、安易に「折返し資金」を貸出することではなく、なぜ折返しが必要になったかという分析と状況の認識が先にあるべきです。

これまで、貸出業務の基本は「資金使途の検証」にあると述べてきました。「折返し資金」は資金使途ではありません。資金使途を検証しないで、「折返し」とか「借換え」という言葉で安易に資金を貸出することは好ましくありません。なぜなら、「折返し」「借換え」と称して新たな貸出に応ずる

時点で、企業の実態は変化しているかもしれないからです。

　そもそも当初の資金使途は何であったか、それを返済し終わり、所期の資金調達目的を達成した後、新たに資金が必要となる場合は、そこに必ず新たな資金使途があるはずです。一方、貸出残高を維持したいという銀行側の都合で「折返し」資金を売り込むということも考えられます。どちらにしても、安易に流されずに、貸出することの意味を考えて判断することが大切です。

第8章　貸出審査の類型

第1節　リレーションバンキングとトランズアクションバンキング

　リレーションバンキングという用語は、平成15年3月に発表された金融審議会の「リレーションシップバンキングの機能強化に向けて」報告によって定着しましたが、それは従来からいわれていたメインバンク性といわれるものとほぼ同じ内容に思います。

　リレーションバンキングの意味は、長期継続的な貸出取引において、企業・経営者から得て蓄積された情報を活用することで、情報の非対称性を解決するところにあります。

　リレーションバンキングの対語にトランズアクションバンキングがあります。リレーションバンキングから得る情報をソフト情報というならば、トランズアクションバンキングのそれはハード情報に頼るといえます。

　貸出業務を行う際の審査について、企業から得る情報をどのように利用しているかによって次のように分類できます。

　Ⅰ　リレーションバンキング
　　企業に関する定性的な情報をもとにして貸出判断を行う。
　Ⅱ　トランズアクションバンキング
　　○　フィナンシャル・ステートメント貸出
　　　　〜企業の財務諸表から得られる情報をもとに貸出判断を行う。
　　　　　→コンピュータ審査
　　○　アセット・ベースト貸出
　　　　〜企業が提供する担保（価値）をもとに貸出判断を行う。
　　　　　→資産担保貸出
　　○　クレジット・スコアリング貸出

〜企業の過去の倒産データから倒産確率を求め、ポートフォリオ全体でリスク管理する貸出。
　　　　→スコアリング貸出
　現在、行政は「事業性評価に基づく融資」を掲げていますが、これはリレーションバンキングに加えて、"必要以上に依存しない"財務諸表情報（フィナンシャル・ステートメント）と担保（アセット・ベースト）を総合的に勘案するという理解になると思います。

第2節　スコアリング貸出

　スコアリング貸出は、その名前のとおり貸出先（中小企業）の信用力をスコア（点数）化して貸出判断に用いた貸出です。
　このスコアリング貸出の特徴としては次の諸点があげられています。
　　① 母集団となるデータから統計的に算出した倒産確率等が判断基準となる。
　　② 貸出案件ごとにリスクを管理するのではなく、大数の法則に基づき貸出債権をポートフォリオ全体でリスク管理する。
　　③ 貸出金額に上限を設ける。
　　④ 審査時間を短縮化できる。
　　⑤ 審査コストの削減が図られる。
　スコアリング貸出は平成10年に東京都民銀行が取扱いを開始して以降、都銀・地銀も導入し、2000年代中頃には急速に取扱いが伸びました。しかし、平成17年に設立された新銀行東京で行われたスコアリング貸出は、債務超過や赤字であってもスコアが一定以上であれば貸出を行い、19年3月期に500億円以上の赤字を出しました。これをきっかけに、実用的に用いられているモデルの制度が不十分である等の理由で、スコアリング貸出の取扱いは減少し、残高も圧縮するようになりました。
　スコアリング貸出にはさまざまな問題点があると思います。一つは、過去

データの限界にあると思います。統計的に算出した倒産確率等を判断基準にしていますが、それはあくまで過去のデータにすぎません。

また、経済トレンドの変化は急激といえます。金融経済環境・産業構造・グローバル化等々に変化のなかで貸出判断するとき、過去データに頼ることは過ちを犯すことに繋がります。

さらに、本来は倒産している状態であるにもかかわらず、金融円滑化法等により救済されている企業が多い実態は、信用モデルを甘くしているとも考えられます。

第3節　コンピュータ審査

　コンピュータによる貸出審査は、米国で発展している信用リスク管理モデルの導入という経営戦略が背景にあると考えられます。これは数理統計理論に基づく信用リスクの計測と管理の手法ですが、米国のこの手法がそのまま日本で通用するとは筆者は思っていません。数理統計の背景となる信用リスクを計量化するにしても、無担保融資が中心の米国と不動産担保融資が中心である日本との倒産確率・回収確率の差異、あるいは社債市場や格付機関の歴史からしても、信用リスクの計量化に対するリスク管理に信頼性の差があると考えられます。そこにコンピュータ審査による貸出判断を委ねるには無理があると思います。

　もちろん、信用リスク管理モデルを採用することで新しいビジネスモデルを構築することは効率的な銀行経営を行うために必要な経営戦略であり、それは意志決定の迅速化や審査コストの低減に資するという側面も理解できます。

　しかし、そこにはそのようなメリットを上回るデメリットがあると筆者は考えます。それは銀行全体の貸出判断力がダウンするという基本的な問題に繋がると考えるからです。貸出審査能力をもつ審査マンの人数的戦力とノウハウ蓄積の両面でマイナスであると思います。

さらに申し上げれば、審査マンの目に触れない銀行のコンピュータ審査制度を悪用し、決算書の偽造を意図的に行う者やそういうことを斡旋するブローカーも出現しています。その結果、多くの銀行においてコンピュータ審査で行った貸出先の倒産比率が高く、不良債権の増加という問題を惹起しています。

第4節　スコアリング貸出・コンピュータ審査の問題点

　筆者は、貸出判断をコンピュータ審査、あるいはスコアリングで判定するというようなことについて以下の4点で不安と疑問を感じます。
　① 貸出判断に1時間や1日を争うスピードが必要か。
　② 貸出判断に精通する人材の育成に資することに繋がらない。
　③ 貸出判断は財務分析の結果だけで行われるものではない。
　④ 顧客との接点に人が介在する、話すことの意義を欠いている。
　現在、多くの銀行が経営課題として「人材の育成」を掲げています。なかでも、貸出業務に携わる人材の育成が遅れていると思います。その原因は、コンピュータ審査やスコアリングによる判定に頼ってきたこと、信用保証協会の保証に依存してきたことで、貸出判断力が落ちたといっても過言ではないと思います。
　「定量分析」と「定性分析」と分けたとき、「定量分析」だけで貸出判断を行う銀行に審査能力があるといえるでしょうか。
　コンピュータ審査やスコアリング判定の失敗という経験を経て、やっと「事業性評価に基づく融資」に重要性にたどり着いたという感がします。しかし、筆者のような古い銀行員にとって「事業性評価に基づく融資」という考え方は当たり前であり、まさに"原点回帰"という想いです。

第9章　決算書の粉飾

　貸出先から徴求する決算書（貸借対照表・損益決算書）は、本来は、財産状態や業績を正しく示しているはずのものです。貸出担当者は、決算書が正しいことを前提に分析をしています。ところが、中小企業では決算書が粉飾されていることが多く、表面的に数字だけを分析した結果を貸出判断に使うことは危険です。間違った判断をする可能性が大きいといえます。

　企業は業績が低迷し、赤字が発生した場合、これを隠すために人為的に会計処理を操作して、利益を過大にみせたり、赤字を黒字にみせたりして、事実に反する内容の決算書を作成することがあります。このような決算操作、いわゆる「粉飾」を行っている企業のほうから、その事実を話したりすることはまずありません。むしろ、それがバレないように隠します。しかし、貸出担当者としては、取引先が倒産し損失を被ったとき、「騙されました」の一言で免責されるようなわけにはいきません。

　そこで貸出担当者としては、決算書を分析するとき、粉飾されていないかという懐疑心をもって、注意深く財務分析を行う姿勢が必要です。しかし、そう簡単に粉飾決算を見抜けるわけでもありません。粉飾決算の見抜き方は、それを表題とする分量の本が1冊書けるほどの内容があります。ここでは、そのことを目的に粉飾の見抜き方を論ずる余裕はありません。そこで、筆者の経験から「これはおかしいぞ」という臭いを感じる決算書の特徴について述べます。

　筆者の経験から、次の三つのケースで粉飾決算が疑われます。
　① 売上が減少しているのに、売上債権が増えている。
　② 利益率が毎期大きくぶれている。
　③ 経常利益の金額が毎期低位安定（1～2百万円）している。
　具体的な事例をご紹介します。
　① 売上高と受取手形・売掛金の動きが正反対である。売上高が減少し

ているにもかかわらず、売上債権が増えている場合は要注意です。

	V期	W期	X期	Y期	Z期
売上高	4,435 ↘	4,047 ↘	3,453 ↘	3,209 ↘	3,002百万円
受取手形	72	63	82	106	112百万円
売掛金	908 ↗	925 ↗	1,307 ↗	1,339 ↗	1,394百万円

② 利益率の推移が不自然にある。売上が大きく増減しているなか、利益率が大きく上昇している場合は要注意です。

	V期	W期	X期	Y期	Z期
売上高	4,278 ↘	4,138 ↗	4,455 ↘	3,311 ↗	3,802百万円
営業利益率	0.91	3.31	4.33	6.48	6.79%
経常利益率	2.46	3.57	5.26	6.62	6.81%

③ 利益額が低位安定的な推移は作為的にみえます。特に経常利益が赤字にならないギリギリの水準で推移している場合は要注意です。

	V期	W期	X期	Y期	Z期
売上高	286	273	276	294	292百万円
営業利益	▲4	▲4	▲4	▲3	▲4百万円
経常利益	0	1	0	1	1百万円

　企業が粉飾を行えば、必ず財務諸表に異常が現われます。前期比という2期の比較だけではみえにくいことがあります。たまたま様子が変であると気づいても、取引先の説明になんとなく納得してしまう場面があるようです。決算書は少なくとも5年間を並べて読むクセをつけてください。「これはおかしい」と感ずることから、粉飾の事実解明が始まります。

第10章　「増収増益」と「減収減益」

まず次の二つの会社の売上と経常利益の推移をみて、あなたはどちらの会社の業績がよいと評価しますか（単位：百万円）。

	A社			B社		
	25／3期	26／3期	27／3期	25／3期	26／3期	27／3期
売上高	500	600	700	700	600	500
経常利益	50	55	60	60	55	50

　A社は「増収増益」だから「業績は好調」、B社は「減収減益」だから「業績は不調」とみる人がほとんどだと思います。でも、そう簡単に割り切れるものでしょうか。業績を判断するには、前記のように損益決算書だけをみていては判断を誤ることがあります。

　それはどういうことでしょうか。

　まず、「増収増益」のA社と同じ売上高・経常利益のAA社のそれぞれの貸借対照表から借入金（長短合算）を取り出して比較します。

	A社			AA社		
	25／3期	26／3期	27／3期	25／3期	26／3期	27／3期
売上高	500	600	700	500	600	700
経常利益	50	55	60	50	55	60
借入金	150	185	240	200	150	100

　A社・AA社ともに「増収増益」です。しかし借入金額をみると、A社は借入れが増えているのに対し、AA社は借入金が減っています。ここから想定されることは、A社は増収増益ですが借入金回転期間が延びているので、在庫水増しによる売上原価の圧縮や売掛金増加による売上の水増しも懸念されます。

AA社は、増収増益で借入金も減少しているので、業績は堅調といえます。「減収減益」の場合も見方は同様です。

	B社			BB社		
	25／3期	26／3期	27／3期	25／3期	26／3期	27／3期
売上高	700	600	500	700	600	500
経常利益	60	55	50	60	55	50
借入金	200	150	100	100	150	200

　B社は、「減収減益」でも借入金回転期間は縮小していますので、業績悪化をそれほど懸念することはありません。BB社は、「減収減益」で、かつ借入金も増加しています。売上の縮小に伴い赤字資金が生じている可能性もあります。

　取引先の業績動向に関して、単純に「増収増益」だから「業績に問題はない」、あるいは「減収減益」だから「業績に問題あり」ということではないことがわかっていただけたと思います。取引先の業績動向をみるためには、売上と経常利益の推移をみるだけでなく、借入金の増減にも注意を払ってみなければなりません。借入金の増減と借入金額の大きさは、企業の健全性を見極めるうえで非常に大切な数字です。そして、できれば5年間の数字を横に並べて、その推移をみるように心掛けてください。

あとがき

　初版『事例に学ぶ貸出判断の勘所』を発刊して8年が経ちました。本書で紹介した事例のほとんどは、筆者が現役の支店長時代に実際に経験した貸出案件がもとになっています。もちろん、生のままではなく脚色した内容にしていますが、支店長と担当者のやりとりも基本的にはここに掲げたような指導を行いました。

　また、筆者は支店長として、2場所において「吉田塾」と称する貸出業務に関する指導・教育を行いました。一つの支店では、週1回の30分間の勉強会を主宰し、自ら資料づくりと講師を務め、1年間継続して行いました。次の支店ではパソコンを使い、実際の貸出案件を題材にして、貸出業務の基本的知識から判断の勘所まで、1年間にわたって自らの考え方を書きました。部下が疑問に思うところは返信で受け、その回答も全員が読むことができるかたちでメール発信を続けました。発信回数は1年間で150回を超え、A4判で260頁に及ぶメール文（内容）のすべてをプリントアウトし、「吉田塾講義録」という冊子にして部下に配りました。

　本書の内容は二つの支店で行った「吉田塾」がベースになっています。筆者は銀行を離れて10数年が経ちます。いま、現役時代を顧みて、銀行員として生きてきて誇れることは、業績考課で表彰をとったことではありません。「吉田塾」で教えたことがこのような本になり、それが版を重ね、広く読まれていることです。また、筆者が直接に教えた「塾生」と称する元部下が、真っ当な貸出業務を引き継いでくれていることです。貸出業務に関する真っ当な考え方が"遺伝子"のように次の世代に伝わっていることが、筆者が銀行に貢献したと誇れることです。

　バブル経済が崩壊して20数年が経ち、貸出業務のやり方にはいまだに悪しき生活習慣病がみられます。現役銀行員でバブル期を経験した者は少なくなり、バブル期以前に行われていた本来の貸出業務のやり方を伝える者がいな

くなりました。

　第Ⅰ編において、筆者にとって、「事業性評価に基づく融資」は目新しいことではなく、"貸出業務の原点回帰"にすぎないと書きました。しかし、現在行われている貸出業務を「事業性評価に基づく融資」に移すには、改善・改革が必要になると思います。

　銀行は、あらためて"貸出業務の本質は何か"を問い質し、真に貸出先の企業経営・事業内容の発展に資する態度で貸出業務に望まなければいけません。数字達成率競争はやめ、価格競争（低金利競争）ではなく価値競争を行うべきです。そのためには、行員個人の知識・品性をレベルアップし、貸出業務の実績を正しく、公正に評価する体系を整える必要もあります。

　筆者は『銀行ルネサンス』では次のように書きました。

　　　　　銀行はいまこそ正道に立ち返らなければいけません。銀行員は王道を歩み、信頼を回復しなければいけません。仕事のマンネリを打破する方法は、習慣的に行っていることを批判的に否定することから始まります。しかし、多くの銀行員は「ゆでガエル」シンドローム状態になっていると思います。批判的精神を持たない、そして現状に危機感さえ感じていない人のほうが多いと思われます

　　　　（同書2頁）

　今年（平成27年）は、東芝の不祥事が経済界を揺るがしました。東芝第三者委員会による調査報告書には、不祥事を起こした直接的な原因として次のように記されています。「経営トップらにおける意図的な「当期利益の（実力以上の）嵩上げ」の目的」「当期利益至上主義と目標必達のプレッシャー」「上司の意向に逆らうことができないという企業風土」「経営者における適切な会計処理に向けての意識又は知識の欠如」。また、間接的な原因として「業績評価制度」「人事ローテーション」があげられています。

　銀行の貸出業務を省みるとき、「意図的な数字づくり」「数値目標必達のプレッシャー」「支店長の意向に逆らうことができないというムード」「コンプ

ライアンスに関する意識または業務上必要な知識の欠如」という問題はないでしょうか。また、「業績評価制度」や「人事ローテーション」に改善すべきことはないでしょうか。危機感をもって考えてみる必要があるのではないでしょうか。

「事業性評価に基づく融資」は、銀行の貸出業務の本来のあり方であると考えます。これを実行・実践するために、銀行は何を行うべきかが問われています。

〔著者略歴〕

吉田重雄（よしだ　しげお）

1950年東京生まれ。
1973年早稲田大学政治経済学部卒業、同年三菱銀行入行。板橋支店長、融資第一部次長、融資第二部次長、仙台支店長、秋葉原支店長を経て、2001年6月東京三菱銀行を退職。
著書に『事例に学ぶ貸出先実態把握の勘所』『事例に学ぶ貸出担当者育成の勘所』『貸出業務の王道』『貸出業務の信質』『事例に学ぶ貸出の基本を教えるOJTの勘所』『銀行ルネサンス』『「重職心得箇条」に学ぶ銀行支店長の心得』（以上、金融財政事情研究会）がある。

事例に学ぶ　貸出判断の勘所【新版】
──資金使途の検証にみる「貸出の王道」

2015年12月17日　第1刷発行
2023年11月14日　第3刷発行
（2007年7月9日　初版発行）

　　　　　著　者　吉　田　重　雄
　　　　　発行者　加　藤　一　浩
　　　　　印刷所　株式会社日本制作センター

〒160-8520　東京都新宿区南元町19
発　行　所　一般社団法人　金融財政事情研究会
　　編集部　TEL 03(3355)2251　FAX 03(3357)7416
販　売　株式会社きんざい
　　販売受付　TEL 03(3358)2891　FAX 03(3358)0037
　　URL https://www.kinzai.jp/

※2023年4月1日より販売は株式会社きんざいから一般社団法人金融財政事情研究会に移管されました。なお連絡先は上記と変わりません。

・本書の内容の一部あるいは全部を無断で複写・複製・転訳載すること、および磁気または光記録媒体、コンピュータネットワーク上等へ入力することは、法律で認められた場合を除き、著作者および出版社の権利の侵害となります。
・落丁・乱丁本はお取替えいたします。定価はカバーに表示してあります。

ISBN978-4-322-12849-9